철쭉꽃 사랑 동인 시문집

철쭉꽃 피는 언덕

철쭉꽃 피는 언덕

초판 1쇄 인쇄 2020년 8월 14일
초판 1쇄 발행 2020년 8월 19일

지은이 | 철쭉꽃 사랑 동인회
펴낸이 | 김경옥
디자인 | 류요한
펴낸곳 | 도서출판 온북스

등록번호 | 제 312-2003-000042호
등록일 | 2003년 8월 14일
주소 | 서울시 은평구 은평로 194-6, 502호
전화 | 02-2263-0360
팩스 | 02-2274-4602

ISBN 978-89-92364-04-1 03810

철쭉꽃 피는 언덕

철쭉꽃 사랑 동인 시문집

온북스
ONBOOKS

시와 시조, 수필이 좋아

이 종 화(철쭉동인 대표)

서리가 허옇게 내린 칠십령 고개마루에서 돌아본 지난날의 아쉬움들을 思惟사유의 샘에 던져 떠오르는 영혼의 울림들을 그림으로 그려 국제 문예를 통해 등단한 시인 수필가들이 시와 수필의 묵정밭을 보다 깊이 갈고 다듬어 꽃 피우려 손잡은 모임을 예서 봅니다.

레일 잃은 시대정신을 되살려 순화하고 시와 수필의 맥을 바로 이어 우리 문화의 껍질 벗는 격조 높은 모습들을 그려 내고자 하는 것이 우리들의 바램이기도 합니다.

자기로부터 이웃과 나라와 겨레를 사랑하는 마음으로 우리의 얼이 서린 노래와 남다른 애정을 가지고 현대시와 수필의 불을 당겨 보다 더 크게 키우려 애쓰는 모습이 정말 아름다웠습니다.

괴도를 잃고 가는 사회 고발과, 고개 숙인 꽃 한 송이, 바람에 나는 낙엽 하나에도 따듯한 우리의 호흡을 불어 넣은 것들 입니다.

고목에 꽃을 피워 나비를 끌어드릴 열정으로 더 높은 곳을 향하여 매진하려는 철쭉꽃의 깃발을 영원토록 붉고 푸르게 휘날릴 것을 믿습니다.

너는 어두움을 살라먹는 햇덩이 해여 불끈 솟아라.

2019년 12월

철쭉동인 대표 **이 종 화**

序文

조 성 국 (국제문예 고문)

사람이 무엇을 하며 어떻게 살아가느냐? 하는 것은 그 사람이 타고난 품성(DNA)이나 그가 자란 환경에 의해서 결정되는 경우가 많음을 본다.

우리는 사회생활을 하면서 우연히 만나 연을 맺게 되기도 하고 더러는 흐르는 물과 같이 서로 만나 추구하는 바를 이야기하다 뜻이 맞으면 한곳에 모여 자기 뜻을 밝히는 글을 쓰기도 한다.

지금 세대는 2차원, 아니 3차원을 지나 4차원의 빛과 같은 전자속도의 시대 속에 살아가며 일상을 편하게 누리고 산다.

청량한 바람 맛이 그리워 둥지를 옮긴 뒤 우연한 기회에 참빛의 말씀을 전하는 십자가 그늘에서 귀한 분들을 만나 시와 수필을 함께 공부하는 연을 맺는다.

그분들은 철쭉꽃 피는 언덕을 찾아 시와 수필을 사랑하고 공부하는 동인들이다. 그분들을 만난 뒤부터 시와 수필을 배워 보겠다는 어르신 서너 명을 모시고 함께 공부하기 시작했다. 어느덧 세월이 손꼽을 만치 많이 흘렀다.

연세들은 높지만 배우겠다는 열정을 가지고 모여 서로 묻고 공부하기를 한 반년 동안 했는데, 어느 날 이거 내가 써 본 것인데 글이 되겠느냐고 해 받아 읽어보니 막힘없이 써내려간 서술방법이 초대는 아닌 것만 같이 보였다.

수필이란 알바레스(albers R,M)는 自照的자조적인 고백이 있어야하고 보고 느낀 것을 예술적으로 승화시켜 아름답게 표현해, 남을 감동시킴이 있어야 한다고 말했다. 우리의 끈끈한 정서에 얽힌 이야기들을 예술적으로 밝히고 거짓 없이 가붓하게 압축해 서술해 나간 것이 남달라 어떻게 이리 잘 쓰셨느냐고 칭찬해 준 것이 모임을 살려나가는 계기가 되어 그룹을 이루어 시와 수필을 꾸준히 공부하게 된다.

나무가 서리가 내리면 절로 곱게 물들 듯이 사람도 나이가 들면 생각하는 것이 여유로워 무지개처럼 아름답게 표현하는 것을 그들에게서 볼 수가 있다.

같이 공부하는 분들을 살펴보면 웬만한 기성시인을 능가하는 수준급인 분들이 더러 있어 절대자에게 감사 기도를 드리기도 한다.

2016년 국제문예 65호로 등단한 허복례의 "신발은 항구"라는 수필은 天眞無垢천진무구했던 시절 끈끈한 우정과 사랑이 물씬 풍기는 일상적인 삶속에 신발 (구두)에 대한 단상을 물 흐르듯이 풀어나간 서술기법이 당차고 놀라워 참 잘 쓰셨네요, 한 것이 그분이 또 시를 쓰게 하는 동기가 되기도 했다.

지난 1960년대는 쌀 두 가마니 값을 주고야 구두를 맞춰 신을 수가 있었단다. 그 구두를 신고 어깨 펴고 다니던 시절이었다. 이 구두 한 켤레의 숨은 逸話일화는 밤이 짧아 이야기를 다 끝낼 수 없단다. 상상의 탈을 벗고 작품으로 창출해 낸 문학적 테크닉이 돋보였다. 이 글을 보면서 평소에 남다른 열정을 기울인 흔적을 글발에서 찾아볼 수가 있다. 동내 아가씨들이 맞선을 볼 때 그 구두를 빌려 신고 가 일이 잘 成事성사되면 고맙다는 인사를 받기도 했다며 그 구두가 전 천후 나룻배가 되었다며 이제와 그때 그 시절을 돌아보니 그립기만 하다고 필자는 말해 준다.

"신발은 항구"라는 수필을 꼭 한번 읽어보시고 왜 신발이 항구가 되는지 알아보기 바라며 지면 관계상 그의 시와 수필 모두 이어서 실어 내려감을 밝혀둔다.

다음으로는 국제 문예지 67호로 등단한 이종화 장로님의 수필 “오해”를 본다.

이 장로님의 수필을 보면 ‘글은 곧 그 사람이다’라고 말한 뷔퐁의 말이 떠오른다.

작가가 살아온 삶의 경륜과 탄탄한 사유의 토대 위에서 글을 써 내려가 흠잡을 곳 없이 깨끗하고 야무진 창작품이라고 생각되었다.

이 작품을 읽어보면 작가의 인품과 경륜이 그대로 작품 속에 묻어난다.

이 장로님이 글로 그려낸 새끼 돼지 세 마리는 모두 색깔이 다르게 그려 놓았다. 빨강, 노랑, 파랑, 색이 다르게 글로 그려 놓았다. 한참을 보고야 생각해 낼 수 있었다.

어미 뱃속에 있어도 생각하는 것은 모두 다르다는 것을 “사유의 다양화” 라고 할까.

각기 다른 생각을 그려 놓았다. 이런 수필이 생각할 수 있는 것의 모티브가 되고 환유가 되고 은유가 되는 것임을 깨워주고 있다. 글이 길다고 좋은 것이 아니라 짧아도 생각하는 바가 깊고 달라 다른 사상을 추리하고 추축해 낼 수 있는 것이 정말 수필이라고 생각해 본다. 정말 기발한 아이디어였다. 이외 "할머니 국어공부 다시 해", "그럼에도 불구하고", "하프타임이 주는 교훈" 등 여러 개가 있으나 지면 관계로 생략한다.

다음은 국제 문예지 69호로 등단한 박순이 님의 수필 "우물 안 개구리 하늘 날다"를 본다. 수필이란 보고 들은 것을 그대로 적는 글이 아니라 보고 들은 바를 아름답고 의미 있게 표현해 남들이 보고 무엇인가 본받을 글이어야 한다고 생각한다. 수필은 자조적인 고백이 있어야 맛이 난다고 생각한다.

박순이 작가의 기행수필은 그가 겪은 유럽 여러나라 중에 로마의 돌의 문화를 그냥 돌로 본 것이 아니라 인류의 예술품이요 인류의 박물관으로, 또 베드로 성전 탐방할 때는 돌이 비단으로만 보여 직접 확인하는 확인 정신, 스위스를 한 폭의 그림으로 보는 예술 감각 정신, 열사의 사막에서 배탈이나 살려 달라고 가이드에게 애원해 사막 한복판에서 폭포를 기우려 열사의 사막을 촉촉하게 식혀주었다는 거짓 없는 대담성은 높이 사야 하리, 홀로 가서 유럽을 구경하며 천년성에 머무는 부군에게 미안하다는 李朝的 貞節이조적 정절의 여인상을 그려낸 것들은 본받아야 할 글이라 생각하며 스포츠 맨 쉽, 무궁화, 백세시대의 명암 등 여타의 좋은 작품들이 많으나 지면 관계상 접기로 한다.

2019년 국제문예지 79호로 등단한 캐나다 주재 선교사 이용길 작가의 수필 "모랄버섯과 선교"를 본다. 늘 사랑교회 담임 목사로 18년을 근무한 목사님이 낯선 캐나다 원주민 촌에 선교사로 파견되어 10여 년 넘게 사역활동을 이어하던 중 거짓 없는 선교사님의 헌신적인 사랑과 끈끈한 우정을 샘솟게 하는 체험적인 삶과 선교활동을 물 흐르듯이 서술로 써 내려간 작품의 구성이 소리 없는 관심을 끌었다.

모랄버섯의 얽힌 사연과 영양학적 가치와 희귀성에 대해 거짓 없는 봉사와 땀나는 체험을 통해 사람의 마음을 움직여 선교할 수 있었다는 것에서 희생적인 정신과 몸이 따라주어야 원주민 선교를 할 수 있다는 것을 알 수 있었다. 수필은 거짓이 없어야 하고 사실을 과장 없이 밝힘으로써 수필의 생명을 이어갈 수가 있으며 자조적인 종결미를 볼 수 있어 좋았다.

세케이 마을의 원주민과 교류한지 10여 년 만에 저들의 여민 가슴을 풀고 모랄 버섯을 같이 따러 가자고 했다는 데서 선교사님의 인품과 거짓 없는 성실성을 읽어 볼 수 있었으며 끊임없는 참 사랑이 사람을 움직일 수 있도록 절대자는 살아 역사하신다는 것을 볼 수 있어 좋았다. 그밖에 "산을 버리게 한 주의 사랑" 등 작품이 많으나 그 작품의 서술이 자연스러워 독자들의 마음을 끌 것이라 믿으며 모랄버섯을 소재로 창작해 놓은 수필이 무난하게 작품으로 돋보이게 되어 문장의 구성 서술기법이 기본적인 요소를 갖추고 있어 장래가 촉망된다.

자유시 두 분의 것을 본다.

2018년 국제문예 74호로 등단한 자유시

푸른 바람 먹고 살다
춤추던 파란 잎이었어요.
어느 날 찬바람이 불어와
절로 옷을 갈아입었어요,
누런 옷으로
그것은 어미 품을 떠나라는
독촉장이었어요.
지나는 소슬바람에 떨어지는
이름 없는 한 마리 새
이 바람 타고 놀다 저 바람 타고 놀다
회오리바람 치부는 날

아득한 하늘, 별을 만져 보다
삼층천 넘어 천국문도 두드려 보았어요,
세상이 조용해지는 날
바람 길에 나는 낙하산이 되었어요,
휘휘 돌고 돌다 내려오니
그곳은 날 기른 따듯한 어머니 품이었어요,
지금은 어머니 너른 품에 누워
지난날을 돌아보며
그저 고맙다고 저 하늘에 손 모으고 있어요,

"하늘새 바람새"의 전문

위의 글은 하범승 님이 낙엽을 보고 지은 하늘 새 바람 새다.

낙엽이 몇 번이나 변신을 하는가?
낙엽 한 잎이 하늘 새로 바람 새로 제목부터 예사치 않다.
파란 잎이 누런 잎으로 또 어미 품을 떠나라는 독촉장으로
소슬바람에 한 마리 새가 되어 아득한 별도 만져보다
천국문도 두드려 보다 조용한 날 낙하산이 되어
떨어져 어머니 품으로 돌아가다

이리 살아가게 해 주신 절대자에게 손 모으는 낙엽

얼마나 많은 탈을 벗는 비유, 의인화 의물화를 했는가?

시는 비유가 생명이라고 한다. 비유가 없는 시는 시가 아니다. 그런 시는 예술작품이 될 수 없다고 생각한다. 마지막 한 줌 흙으로 돌아가는 인생을 이리 멋지게 비유로 엮어낼 수 있는 기지와 예지를 이 시에서 본다. 장래가 촉망되는 시인이며 열심히 해 대가가 되길 빌어두며 여타의 비취 청자에선 가녀린 어깨너머 현기증 나는 치맛자락을 둘렀네, 에선 사물을 보는 안목이 남다른 것을 느꼈다. 그가 사물을 보는 감성은 즉 영혼의 울림은 남달라 어떤 비유로 어떤 탈로 바뀔지 아무도 모른다. 거꾸로 보고 외로 보고 뒤집어 보고 거짓말이 참말이 되는 시. 다양한 변태의 비유는 무엇으로 둔갑을 해 나타날지 모른다. 푸른 제복을 벗어던지고 시인으로 변신한 그의 시는 그의 예리한 눈 끝에서 탈을 벗고 새로운 것으로 태어난다. 여타의 "아름다운 인생", "골프의 초대", "어느 여름날" 등 사물을 보고 직관이 움직여 쓴 좋은 시들이 많으나 지면 관계상 다음으로 밀어둔다.

어느 때는 곱다고 가슴 풀고 달려들더니
어느 때는 밉다고 허연 이빨로 물고 뜯고 할퀴던 너
오늘은 그 무슨 생각으로

슬며시 물러앉아 손 모으고 있는가?
어제는 토라져 말없이 돌아가더니
오늘은 무엇이 부끄러워 낯 못 든다 하는가,
모두가 내 잘못이다
저 하늘에 두 손 모으는 너
대답 없는 산을 보고 그대는 나의 산이라
밤새 그리고 그리다가 그만 증오의 불붙는 날
산 같은 몸을 던져 날 삼키던 너
뜯겨난 네 살점은 반짝이는 은모래
미움이 사랑으로 변하는 기적일래
나의 허리 감싸 안고
사랑한다, 춤추던 너
미워도 고와도 손잡아주는
말이 없는 그대의 산
천년 산이어라

"물길 사랑 앞에서" 전문

사물을 보고 의인화, 의물화 해내는 임종의 님의 시, 초대가 쓴 시 같지 않아 보이는 시다. 그의 시는 사랑의 정의를 그려 내놓았으며 사랑보다 귀한 것이 용서라는 것을 암암리에

알려 주고 있다.

참회와 용서에는 적이 없어지는 것을 배울 수 있어 좋았다. 그의 시를 보면 좁고 험난한 길을 모두 섭렵해 만고풍상 다 겪은 분이 자기 발자국을 뒤돌아보며 참회하는 모습이 그려져 있다. 이런 것을 두고 거듭났다고 하는 것이라 본다.

그가 신고 다니는 구두창이 입 벌릴 때 십자가가 일어서는 것을 보는 모습 같기도 하다. 사나이의 너른 품을 위의 시에서 볼 수가 있다. 또 그의 시 "산" 외 "효향산 스타 선생님", "나, 지금 돌아가리", "그리움 앞에서" 등이 있으나 모두 수작이라 장래가 촉망되는 시라고 보아진다.

수필이나 시가 이 민족 이 겨레의 가야 할 길을 인도하는 길라잡이 역을 다하는 살아있는 글로 어지러운 이 시대를 이끌고 가는 시대적인 사명을 다하는 그런 시인들이 되어주기 바라며 누구나 믿고 의지하는 든든한 산 같은 시인, 그들이 암시하는 글 속에 미지의 하늘을 여는 길을 모두가 찾아가는 그런 속탈을 벗는 시와 글을 써 주시기 빌어둔다.

초대시

금강산은 길을 묻지 않는다

이 근 배

새들은 저희들끼리 하늘에 길을 만들고
물고기는 너른 바다에서도 길을 잃지 않는데
사람들은 길을 두고 길 아닌 길을 가기도 하네
길이 있어도 가지 못하는 길이 있다.

산도 깊고 물도 깊은데
산과 산, 물과 물이 서로 돌아누워
내 나라 금강산을 가자는데
이제 봄 여름 가을 겨울
앞다투어 길을 나서는구나,
참 이름도 개골산 봉래산 풍악산
철 따라 다른 우리 금강산

보라 저 비로봉이 거느린 일만 이천 뫼 뿌리
우주 만물의 형상이 여기서 빚고
여기서 태어났구나,
깎아지른 바위는 살아서 뛰고 놀고
흐르는 물은 은구슬 옥구슬이로구나,

소나무 잣나무는 왜 이리 늦었느냐 반기고
구룡폭포 천둥소리 닫힌 세월을 깨운다.

그렇구나, 금강산이 일러주는 길은 하나
한 핏줄 칭칭 동여매는 이 길 두고
우리는 너무도 먼 길을 돌아왔구나,
분단도 가고, 철조망도 가고
형과 아우 겨누던 총부리도 가고
이제 손에 손에 삽과 괭이 들고
평화의 씨앗 자유의 씨앗 뿌리고 가꾸며
오손도손 잘 사는 길을 찾아왔구나,
한 식구 한솥밥 끓이며 살 자는데,
우리가 사는 길 여기 있는데
어디서 왔느냐고 어디로 가느냐고
이제 금강산은 길을 묻지 않는다.

초대시

발은 동사이다

유 안 진

지팡이와 두 발로 읽으며 맹인이 지나간다
나는 티눈 발바닥으로 걷는다

다윈은 남반구를 탐사해서 종의 기원을 썼고
산책하는 칸트를 보고 동네 사람들은 시간을 알았다지
순수이성 비판론도 자연선택설도 두발로 얻어졌다는데
턱 괴고 앉아 있는 "생각하는 사람"이
걸어야 하는 줄을 로댕만 몰랐다고

고난에도 면역이 생겨야 비굴도 불굴이 되고
땅속 마그마와 밤하늘 별똥별이 상응하는 것도
걸어봐야 안다고
산악 같은 사랑도 풀내음 같은 그리움도
두발의 합주(合奏)라고
발은 둘이고 명사 아닌 동사(動詞)라던 당신이여!

차 례

책을 내며 – 이종화 · 004

서문 – 조성국 · 006

초대시

금강산은 길을 묻지 않는다 – 이근배 · 017

발은 동사이다 – 유안진 · 019

하범승 편

비취 청자 · 030

아름다운 인생 · 031

아침 햇살 앞에서 · 033

어느 여름날 · 034

연리지 · 035

골프의 초대 · 036

백두산에 올라 · 038

융푸라우 · 040

하늘 새 바람 새 · 042

이 나라 표상 · 044

임종의 편

나, 지금 돌아가리 · 050
그리움 앞에서 · 051
택수야 지금 어디 있느냐 · 052
효향산 스타 선생님 · 054
나의 노래 · 056
십자가 · 057
물길 사랑 앞에서 · 058
산 · 060
풀꽃 · 061
세월 바람 꽃바람 · 062

허복례 편

애기 똥 풀 · 068
까만 밤 하얀 밤 · 070
코스모스 · 072
나의 봄은 · 073
물망초 · 074
사모곡 · 075
주님께 기도드립니다 · 076
갈림길 · 077
여강 언덕에서 · 078
신발은 항구 · 080

이종화 편

오해 · 088
할머니 국어 공부 다시 해 · 093
낙엽 질 때 생각나는 하프타임이 주는 교훈 · 097

박순이 편

우물 안 개구리 하늘을 날다 · 105
100세 시대의 明暗 · 115

이용길 편

모랄 버섯과 선교 · 122
산을 버리게 한 주의 사랑 · 127

조성국 편

행복 봉제사 · 135
천국 문이 열리던 날 · 137
연리운 · 141
천년 사랑 · 143
어느 보헤미안의 넋두리 · 145

비취 청자 · 30
아름다운 인생 · 31
아침 햇살 앞에서 · 33
어느 여름날 · 34
연리지 · 35
골프의 초대 · 36
백두산에 올라 · 38
융푸라우 · 40
하늘 새 바람 새 · 42
이 나라 표상 · 44

하범승

호 : 瑞峰서봉
경북 대구 출생
경북 고등학교 졸업
육군 사관학교 졸업
대한민국 성우회 회원
2018년 국제문예 신인상 수상
(사)국제문인협회 회원
철쭉꽃 사랑 문학회 회원

시작 노트

초등학교 4학년 때
담임선생님이 시를 쓰라고
숙제를 내주셨던 기억이 떠오른다.
제목을 받고 대여섯 편 썼는데
뜻밖에 칭찬을 받기도 했다.
시 공부를 열심히 (?) 하면
다음에 훌륭한 시인이 될 것이라고 말씀해 주셨다.

오랜 세월 푸른 바람 먹고살던 낭게
누런 옷으로 갈아입고 마음의 고향으로 돌아왔다.
용인 수지골 廬谷 선생님을 만나
낯선 묵정밭 詩田을 나도 열심히
일구고 가꾸어 보겠다고 했다.
詩論을 읽으니 읽을수록 미궁에 빠져드는 것 같다.
때늦은 작심이라 발을 잘못 들여놓았다고
후회하기도 했지만 끊임없는 물방울이
바위를 뚫는다는 마음가짐으로
내가 일군 밭에 씨앗을 뿌려 열매 맺는 것을
언젠가 보리라고 다짐해 본다.

살아가면서 법으로 해결이 안 될 때
무딘 정서를 바로 잡는 詩를 곁하면
먼 날 진정한 해답을 얻을 것이라 믿어
오늘도 나는 붓을 들고
내 영혼의 울림, 맥을 짚는다.

비취 청자

구름 따라 내려온
옥황상제의 따님인가?
해맑은 피부에
임의 숨결 넘쳐나네

임의 섭리로 빚은 너
비파를 타는 가녀린 어깨너머
현기증 나는 치맛자락을 둘렀네,
비너스가 질투하여
너를 나락으로 보냈구나,

얼마나 익었는가? 너를 두드려 보던 날
탱하고 나는 너의 청아한 울림에
그만 내 귀가 먹어버려라

섬섬옥수로
天桃酒천도주 한잔 따라주면
살포시 짓는 너의 미소에
내가 눈이 멀어 버려라

아름다운 인생

아름다운 것은 인생이어라
푸르른 젊음은 아름답고
고운 놀 깃든 늙음은 더 아름다워라
나는 젊음을 양보하고 싶지만
아름다움은 놓치고 싶지 않다.

아름답게 늙는 것은
하늘이 내려주는 은혜요 예술이다
사랑을 하고 용서도 하고
웃고 우는 것은 나의 마음가짐이지만
그리해야 하는 열정을 언제나 가져야 하리
나는 젊을 때의 푸른 꿈을 되살리고 싶다
그 꿈을 향한 열정은
지금도
나를 젊은이의 경지로 끌어드리고 있다

늙어가는 것은 예로서 받아들이고
이마에 지는 주름을 훈장처럼 자랑하리라
머리가 백발이 되어 신선이 된다 해도
허리만은 꼿꼿한 수수대로 살고 싶다,

몸에 향수를 뿌리지 않아도
세월이 묵은 묵향의 인생 향기를
널리 퍼뜨리고 싶다.

꿈과 사랑을
가슴 깊이 간직하고
가난한 덕을 고루 나누며
이 목숨 다 할 때까지
아름답게 살고 싶어라

아침 햇살 앞에서

어둔 밤 여명을 뚫고 아침 해가 오른다
상큼한 바람이 닫힌 가슴 활짝 연다
나를 따라
나의 숨길도 황홀하게 열린다
나는 나에게
나를 사랑한다고 말한다
오늘 하루를 맞는 모든 분들에게 축복을 보낸다

상큼한 바람을 뚫고 자연으로 달린다
풀 끝에 구슬을 건 이슬이 눈부시다
햇살 한 줌 따 먹으려 고개 내민 풀과 나무의 촉
삶이란 무엇이며 어떤 것인지 나에게 가르쳐준다.

세상이 나를 힘들게 할지라도
나는 세상을 아름답게 하는 눈을 갖고 싶다
이웃이 나를 속일지라도
나는 이웃에게 풋풋한 미소를 보내는 마음을 열리라,
꿈과 사랑과 낭만이 깃든 삶을 찾아
나는 오늘 하루 싱그러운 나래를 또 편다.

어느 여름날

태양이 가다 서서
불 풀무질 하는 날

고개 숙인 나무 잎이
부옇게 몸이 탈 때

내川천 속을
뛰어든 人魚인어
왁자지껄 허연 다리

연리지

태백에 뿌리박은 당신과 나
서로 남남으로 태어나
옷깃을 스친 연으로
한 몸이 되어 한 핏줄로 엮어가는
억겁의 인연이 될 줄이야

이제 내 몸에는
당신의 뜨거운 피가 흐르고
내 뼈와 살 속에
당신의 숨소리기 들려요
당신과 함께 키운 가지
마지막 잎새까지
우리 함께
고이 품고 보듬어 별로 가꾸리

우리의 만남은 운명이었어,
세상에 둘도 없는 사랑 나무
당신과 난
저 하늘 높이 날아올라
훨훨 나는 비익조가 되리라

골프의 초대

초원의 18번 홀은 여인의 나체
벅찬 가슴을 안고 조심스럽게 문을 연다.
그 길은 사랑이 있고 우정이 있고
승부를 거는 검투사의 칼도 있다
그라운드엔 꽃이 피고 새가 울고
물도 가고 금붕어가 꼬리 친다

나의 손 장풍으로 날린 공이
하늘에 포물선 무지개를 그린다.
애드벌룬을 타고
언덕을 넘어 개울을 건너
좁은 가슴으로 가 없는 하늘을 끌어안고
청천가람의 眞髓진수를 만끽한다

아득한 지평선 고갤 넘어가면
첫날밤 신부의 天宮천궁을 뚫고 난 듯 황홀하다
그린은 카펫을 깔아 나를 반겨주고
깃발 꽂은 hole은 어서 오라 손짓해
딩동 댕
마지막 그녀와 포옹하는 순간

검투사는 칼을 내리고
축배의 환호소리에
하늘이 갈라진다.

백두산에 올라

저 하늘 우뚝 솟은
겨레의 靈山이었어
하늘에서 내린 물을
머리에 이고 앉아
천지를 감싸고
11,300m 도는 남빛 물결
압록, 두만
뻗어나간 젖줄이어라
그 무엇 가르치려고
天坪을 곁 했는가?

영산의 정기가
삼천리를 덮었구나
그 정기 이어받아
금수강산 터를 닦아
오늘의 이 겨레 품속에
그 뜻을 새겨 놓았네

천만 대 이어 나갈
우리의 성지에

드높은 장군봉 위
꽂아 놓은 태극기
그것은 바로 우리의 가슴
대한의 정기이어라.

융프라우

- 스위스의 명산 -

인터라켄에서 탄 삭도 열차는
그림 같은 산마을 지나
끝없이 펼쳐진 초원도 지나
가파른 협곡을 케이블카로
빙하의 瀑폭을 타고 오른다
알프스 정상을
꿰뚫은 터널을 올라가니
자연을 극복한
인간의 지혜를 예서 보노라

여기는 융프라우 정상
땅은 온통 만년설이 덮여
바람에 멍든 파란 하늘이 되고
하늘은 절로 내려와 땅에 입 맞추니
땅과 하늘이 하나 되어
바로 예가 우주임을 알려준다.

가없는 우주에 홀로 서서
先史선사를 넘어 태초의 바람결을
좁은 가슴으로 뿜어 본다

마치 우주를 유영하는 것만 같다.

나는 인공위성을 타고
이름 모를 미증유의 별에 내려
신비로운 세계를 탐색하는 우주인
비로소 나의 서투른 첫발을 내딛는다.

하늘 새 바람 새

- 낙엽의 일생 -

푸른 바람 먹고 살다
춤추던 파란 잎이었어요,
어느 날 찬바람이 불어와
절로 옷을 갈아입었어요
누런 옷으로
그것은 어미 품 떠나라는
독촉장이었어요.

지나는 소슬바람에 떨어지는
이름 없는 한 마리 새
이 바람 타고 놀다 저 바람 타고 놀다
회오리바람 쳐 부는 날
아득한 하늘 별도 만져보다
삼층 천 넘어 아득한 하늘
천국 문도 두드려 보았어요

세상이 조용해지는 날
내림 길엔 낙하산을 탔어요
휘휘 돌고 돌다 내려오니
그곳은 날 기른 어머니 품이었어요,

지금은 어머니 따뜻한 품에 누워
지난날을 돌아보며 그저 고맙다고
저 하늘에 손 모으고 있어요.

이 나라 表象표상

- 太極旗태극기 앞에서 -

애국가가 울려 퍼질 때
가없는 하늘 펄럭이면
5천만 온 겨레가
가슴으로 손을 모으던
이 나라의 표상.

그 깃발은 정녕
이 나라의 얼굴이요 얼이요 혼불이어라

어쩌다 일장기에 넋을 빼앗긴 날
우리 모두 가슴 치며 통곡했어라
널 찾아 낯선 북만 벌을 헤매 돌 때
지켜보던 하늘이 광복의 새 하늘 열어주니
하늘 높이 올라 펄럭이던
그 늠름한 그 기상 어찌 말로 다하랴

지켜보던 겨레의 가슴마다
끓는 피가 하늘로 치솟았어라
붉은 인공기가 내리밀어도
평화의 사도들은 몸과 마음 바쳐

이 나라 표상 너를 지키었노라
좁은 어깨 피땀으로 우리 혼불 태극길 들어
오대양 육대주에 펄럭이게 하였노라
지금은 십대 강국으로 어깨 펴고 사는 우리
이 모두 님이 베푼 은혜요 은총이라

그 깃발이 내려지면 조국은 없다
하나란 미명 아래
한반도기가 때론 나풀거려도
신사유람단이 내어 건 태극 깃발은
지난날 우리 역사가 증명하고 남으리,
자유 민주 시민은 영원히 널 가슴에 품으리,
자랑스러운 우리 태극기여
이 조국 너와 함께 영원하리리라
이 몸과 마음 다 바쳐
널 지킬 것을 굳게 다짐한다.

나, 지금 돌아가리 · 50
그리움 앞에서 · 51
택수야 지금 어디 있느냐 · 52
효향산 스타 선생님 · 54
나의 노래 · 56
십자가 · 57
물길 사랑 앞에서 · 58
산 · 60
풀꽃 · 61
세월 바람 꽃바람 · 62

임종의

호 : 石泉석천. 서울 종로 출생
성동 공업고등학교 기계과 졸업
공군 제10전투비행단(P10) 제대
대명당 안경원(종로1가) 대표
王文 대표
2018년 국제문예 신인상 수상
(사)국제문인협회 회원
철쭉꽃 사랑 문학회 회원

시작 노트

초침은 허공을 찍고 도는데
나도 모르는 사이 서리가 정수리로 내려
거울 보기가 두려워진다
청산은 그대로 푸르른데 나만 홀로 변하는가?
모든 것이 말 없는 절대자의 섭리인 것 같다.

오늘도 서산 너머로 벌건 불덩이가 떨어진다.
일상에 묻혀 살다 난 아직도 눈을 뜨지 못하고
이 거리 저 거리로 서성이고 있다.
의미 없는 생을 돌리다 나의 눈이 머문 자린
지울 수 없는 내 그림자를 찍고 돈
지난날 발자국들을 더듬는다.

그 어느 날 내 영혼의 피뢰침을 세워
보이지 않는 것들을 볼 수 있는 시인이 되리
아직도 서툴러 비린내 나는 나의 시 나의 글을
철쭉꽃 사랑 동인지로 묶어 낸다니
그저 감사의 손을 모아 본다.

복사꽃으로 물이든 나의 볼
그 꽃 한줌 따 허공에 날린다.

나, 지금 돌아가리

산 넘어 내 건너
강 건너 바다 넘어
한 마리 나비가 돼 훨훨 날아가리
어릴 적 호박잎에 잠자리 구워 먹던
토실한 개구리 다리 벌건 불에 구워 먹던
배추 꼬리 밤참으로 깎아먹던 내 고향으로
개구쟁이 파란 꿈 펴고 놀던 "부발" 초교로
바람처럼 구름처럼 정처 없이 떠돌다
내 살던 내 고향으로 나, 지금 돌아가리,

다퉈 피던 진달래꽃이
봄소식 전해 주던
산을 잡고 울어대던 뻐꾸기 울음 찾아
푸른 정기 감도는 효향산 "복해" 샘물 그 맛 찾아
낯선 타향 떠돌다가 헤진 모자 눌러쓰고
낯익은 고향이라 소식 없이 찾아 들리,
손잡고 뛰어놀던 "은분"인 어데 갔나,
형님하고 어깨 치면 반겨 아니 뉘 맞으리
그 파란 꿈 목에 두르고 나, 지금 돌아가리

그리움 앞에서

할머닐 그리고 그리다가
할머니 어데 계셔 하고 정답게 불러봐도
임은 영 계시지 않네
산을 잡고 불러봐도 대답 없는 메아리만
바위틈 속 울려날 것 같은 할머니 소리 찾다
성급해 할머니만 그저 외쳐 봅니다,
그 옛날 할머니가 찧다 멈춘 돌절구에
산새들만 오가고 저녁놀만 부셔라 .

산마루 넘어 계시나
동산을 기어오르니 그곳도 아니 계시고
복사꽃이 길 밝히던 그 길은 간데 없고
마루길 가로막는 아파트가 길을 막네,
산이 옷을 벗었는가, 가고 오는 시공 속에
변신하는 산을 본 날 우리 주소 묻는 산
나는 지금 어느 산을 돌고 있나
벌건 눈시울에 구슬처럼 맺혀 있는
우리 할머니 초상

택수야 지금 어디 있느냐

새벽별 뒤에 숨었는가?
나의 별 너의 그 눈망울이
아롱이는 내 눈시울 가에
천년 두고 매달려 있어
너는 지금 어느 하늘가
무슨 바람 무슨 꿈을 꾸고 있느냐?
택수야,
아버지 하고 단 한 번만이라도 불러주지 않으련?
끝없는 그리움으로
일그러진 마음을 달래며 긴 밤을 곧추 새운다.

이를 어쩌랴 어미는 저 하늘로 가고
백일 날 너를 만나 점심을 먹고 나서
시커먼 얼굴로 "아빠" 하며
내 품에 안기던 너의 눈동자
해맑은 그 눈동자, 잊을 수가 없구나,
그날이 마지막이 될 줄이야
하늘마저 미워진 날, 하늘이 손을 든 날
내려치는 번갯불에 모두가 풍비박산
얼마나 죄책감이 들었는지

너의 어민 소식 없이 간 곳 없고
그 소식 기다리다 눈이 멀어 버린 밤
난 그저 그리 살아가고 있어,
너를 두고 그리다 지쳐 패인 나의 가슴 구멍은
날이 가면 갈수록 넓어져 지나는 사람이 모두 너로 보인다.
이제는 하얀 서리를 머리에 이고 살아가니
지난날 내 잘못을 회개하고 참회하다
이제야 비로소 참 사랑의 눈을 뜨고
손발이 다 닳도록 벽오동 심어 놓고 널 기다린다.
택수야 만날 길이 없구나,
돌섬에 부딪히는 너울 파도가
나를 후려친대도 끝내 너를 잊을 수 없구나,
참회와 회개의 눈물을 씹다 십자가에 매달려 널 찾는다.
주여 역사해 주소서
마지막 눈을 감기 전 꼭 한 번만이라도.

효향산 스타 선생님

석양은 산을 넘고 찬이슬 내릴 때
콘닥터로 박자를 이끌며
노래 가르치던 스타 선생님
백마를 타고 호젓한 길을 가던
임만 같던 스타 선생님이
해묵은 고목나무 아래
음악시간이 흐르고 있었다
그때
청천벽력 같은 소식이
담을 넘어 퍼지고 있었다

5학년 스타 선생님이 군대를 가신단다
어깨에는 멸공통일이란 붉은 띨 두르고
내일이면 군에 입대하신단다
그 소문을 접한 신, 권, 김. 여학생들이
선생님 안돼요 안돼 하며 울부짖었다
그 속 깊은 뜻을 모르던 나는
덩달아 마구 울었다 바보같이

62년 만에 동창회에서 만난 스타 선생
지팡일 잡은 쩔뚝이 할배로
절대자 하나님은 그 스타 선생을
용서하지 않으셨다
주님은 살아계셨다
여호와 닛시 우리 하나님은
나는
살아계신 우리 주께 머릴 숙였다
나는 그 스타 선생과
어색한 손을 댈 수밖에 없었다
효향산의 스타야
지금도 늦지 않았으니
참회하소서 회개하소서
천국이 당신 것이 되길 바라거든

나의 노래

기억마저 멀어진
애처로운 속삭임이
이름 모를 거리에서 나를 깨운 밤
나야 나 소리치고 애원해도
내 마음 어데 가고
귀 기울여지지 않네

앞산 노을 비껴가던
황금빛 앞마당에
능금 꽃 마당 쓸던
그 임은 어딜 갔나
세월아 부디 가지 마라
네 가면 내 청춘은 이미 없다.

십자가

덧없는 세월은
말도 없이 흘러가고

뜻 없는 저녁놀이
길 밝히는 나룻가

포물선
지운 무지개 걸고 파
서성이는 나그네

삿된 것이 머리 들어
생각의 고릴 채울 때

두려운 입소문을
귓전으로 따돌리고

십자가
만들어지고
말없이 살라하네

물길 사랑 앞에서

- 밀물과 썰물 사이 -

어느 때는 곱다고
가슴 풀고 달려들더니
어느 때는 밉다고
허연 이빨 내밀고
물고 뜯고 할퀴는 너
오늘은 그 무슨 생각으로
슬며시 물러앉아
홀로 손 모으고 있는가?
어제는 토라져
말없이 돌아가더니
오늘은 무엇이 부끄러워
낯 못 든다 하는가?
모두가 내 잘못이라며
저 하늘에 손 모으는 너

대답 없는 나를 보고
그대는 나의 산이라
밤새 그리고 그리다가
그만 증오의 불붙는 날
산 같은 몸을 던져 나를 삼키던 너

뜯겨난 내 살점은 반짝이는 은모래
미움이 사랑으로 변하는 기적일레
나의 가는 허리 감싸 안고
사랑한다. 춤추던 너
미워도 고와도 손 잡아주는
말이 없는 그대는
나의 천 년 산이어라.

산

눈도 없고 코도 없이 지축을 돌리는 산
언제나 찾아와도 팔 벌려 안아주는 산
종달새 뜸부기가 숨어 우는 너의 품속에서
팔 벌린 등을 타고 하늘 끝을 달려간다.
새털구름 꽃구름을 목에 칭칭 두르고
하얀 머플러를 휘날리며 윙크하는 산
천만년 미동도 없는 산을 온 힘으로 껴안아본다.
겨자씨만 한 믿음으로 산도 옮긴다고 일러주셨건만
천년을 손 모아봐도 미동도 없는 산
때론 꿈틀대는 기운에 골이 지고 내가 간다.

움푹 패인 주름 딛고 이어가는 생영들
산은 바다의 어미 그 참뜻을 외면한
쪽발 사무라이가 정상마다 쇠말뚝을 박았어도
은근과 끈기로 맥을 돌려 내닫는 정기 끄떡없어라.
아쉬우면 파고드는 님의 넓은 가슴에
씨 뿌린 곳곳마다 넘쳐나는 풍년가
어둔 밤 물밀듯이 찾아드는 너의 씨알들이
지난날 얼룩진 상흔을 딛고 일어선다.
외진 골 비목이 어두운 밤길을 환하게 열어준다
내 사랑하는 산하여 나의 조국 산하여

풀꽃

몇 번째냐 한 낮에 나를 처 버린 너를
나 들풀이라도 이별을 두려워하지 않는다,
인고로 꽃을 피운 어린 가지에 애처로운 나의 기도

차라리 돌아선 것을 후회하지 않는다.
지난날 잊지 못할 사랑을 고백하여도
그리움이 병이 돼 아프고 쑤셔도
그 누구 감염될까 봐 마음 졸여도
가슴속에 묻어둔 내 사랑
일어나 펄럭이는 코랄 칸타타

수많은 별 이별 뒤에 등이 시려도
밤새워 울고 우는 풀벌레는 네 마음
심연 속 감도는 너의 초상을 안고
오늘은 아니 울고 훗날 그날에 울고 싶다.

세월 바람 꽃바람

내 고향 비성거리 쪽에서
"하얀 꽃" 백화가 다가오고 있다.
한길 눈길을 무릅쓰고 가다
그 꽃을 갈딱 고개에서 마주쳤다.
백화는 수줍은 미소를 지으며
나에게 날이 선 퍼런 말을 떨어드렸다
"지게"나 지는 농군이 되어 무엇하려우
알았지요,하는 그 말을 듣는 순간
그를 바라보기 부끄러워
뒤돌아보지도 않고 그냥 뛰었다.
동생이 많다며 집을 나간 지 두 달 만에
다시 집으로 야곱이 되어 돌아왔다.
지금 나는 60년이란 세월을 돌리고
그 하얀 꽃을 만나러 가고 있다
그 하얀 꽃의 문패를 찾아
금빛 노을 지고 사는 그를 찾아
그가 남긴 그 말 한마디를 씹으며
가슴속 지은 집을 허물지 못하고
경쟁해야 사는 레드오션 속에서
그와 만나는 꿈을 버리지 않았다

그대여 살아만 있어다오
이제는 젊은 날 푸른 꿈이
붉은 놀로 변하는 인생 드라마를 보다
문득 고향 생각이 나 어깨동무하던
세 동무가 생각나
그들을(갑진, 규삼, 종선) 만나러 가고 있다
두 손을 두 번이나 펴야 할 벗들이
하나 둘 가고 전설로 떠도는 그 옛날을...
하나님 이 사람 이리 지켜 주시고
끝까지 함께 해 주심 거듭 감사드리며
전능하신 주께 감사의 손을 모읍니다.

애기 똥 풀 · 68
까만 밤 하얀 밤 · 70
코스모스 · 72
나의 봄은 · 73
물망초 · 74
사모곡 · 75
주님께 기도드립니다 · 76
갈림길 · 77
여강 언덕에서 · 78
신발은 항구 · 80

허복례

충북 충주 출생
여주 중학교 졸업
서울 제1 고등학교 졸업
여주 신진 유치원 교사 역임
여주 새마을 군 부녀회 부회장 역임
2018년 국제문예 신인문학상 수상
(사)국제문인협회 회원
철쭉꽃 사랑 문학회 회원

시작 노트

해맑은 하늘을 밟고 갑니다.
잠이든 잔물결에
하늘이 내려와 입맞춤을 하네요.
글이 좋아 글발을 다듬으면서
정을 나누고 사귄 지 어언 두 해
저마다 타고난 천품이 다르다는데
나는 나를 알지 못하고
그저 묵정밭을 이리저리 일구고 있다.
내가 찾은 곳은 철쭉꽃 피는 언덕
그 동산이 지난날
우리의 얼과 혼불이 살아 있는 곳인 줄 몰랐습니다.
하늘이 나를 인도해 주심만 같아
모든 시름 걱정 다 잊고
열심히 노력해 보기로 다짐해 봅니다.
시란 정말 어렵기만 합니다.
무엇을 보아도 내 감성이 그것에 젖지를 않아
조바심이 앞서기도 합니다.
그간 몸부림친 서투른 흔적들을 가려내
매서운 바람 부는 언덕에 내놓아 봅니다.

끝없는 하늘 높이 날아올라라
오늘은 이슬 먹은 장미꽃이
더 아름다워 보이네요.

애기 똥 풀

초여름 낮은 자락
어느 길섶 외진 길가

네 장의 꽃잎 물고
방긋 웃음 짓는 너

살포시 자리 잡고
나풀대는 노란 꽃은

길가에 자리 잡은
그 이름 애기 똥 풀

요렇게 가녀린 대에
앙증맞은 웃음을 달고

지나는 나그네의
발걸음을 잡는다.

샛노란 꽃잎 마다
하얀 구슬을 걸고

애기 달이 아장아장
걸음 마마 타고 놀아

방실 방실 웃음 짓는
바람 타는 네 모습은

어찌 보면 우리 손주
닮은 꽃같이 보여

나는 한 마리 나비가 돼
네 앞에서 나풀나풀

말을 걸고 싶구나
춤을 추고 싶구나

까만 밤 하얀 밤

당신은 언제나
내가 좋아 기댈 수 있고
의지하는 산이었어,

내가 때론 투정을 부려도
눈감아 보듬어 주고
미소 짓고 말이 없는 나의 산이었어.
임은 언제나 나의 푸르른 산,

어느 날 저 하늘의 뜻을 따라
임을 보내고 난 뒤로는
눈물 속에 어리는 임의 그림자는
해 저문 날 산그 림자처럼 내게로 다가와
저 하늘 별이 되어
눈물의 강을 건너게 하네요

꿈길에도 내 살아가는
바른 길을 일러주시고
바람과 함께 돌아가는 임
낙엽 한 잎 떨어지는 소리가

나를 다시 눈 뜨게 하네요.

그럴 땐 나는 나의 산
당신의 품에 안겨
내 좁은 가슴 그냥 묻고 싶습니다,
당신의 그 높은 뜻을 헤아릴 수 없어서
오늘 밤도 나는 까만 밤을
하얗게 지새웁니다.

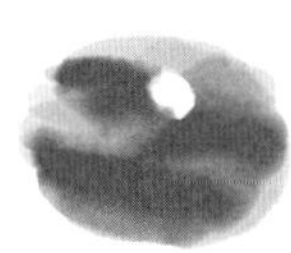

코스모스

코스모스꽃 잎 위에
가을빛이 일렁이고

가녀린 긴 목을 세워
찬 이슬을 받아 먹는다

은 구슬을 머리에 인
싱그러운 네 모습

물빛처럼 파란 하늘을 빗질하고
가을빛을 물고 거짓 없이 사는 너는
누가 뭐라 해도 너는 순수 그 자체이어라

그 수줍은 몸짓
밝은 빛 속에

숨겨진 사연
너의 뜨거웠던 여름날의 이야길
나는 지금 홀로 서서
바람결로 듣는다.

나의 봄은

얼음장 골물이 똑똑 봄을 풀고 있네요
냇가 버들강아지가 긴 잠을 털며 일어나고
산과 들 모두는 삼동을 털며 일어나고
산과 들 신록들은 싱그러운 봄을 연주한다.

가슴을 풀면서 개울가에 나 앉으면
천 길 땅을 뚫고 오르는 하얀 새싹들이
따사로운 햇살을 당기며 수줍은 미소를 짓는다.

양지바른 벼랑 끝으로 날아오르는 호랑나비
그 누굴 만나려고 저리로 가는 걸까?
궁금함에 나비 뒤를 따라가다
그만 걸음을 멈추고 서서
아득한 파란 하늘만 바라봅니다.

물망초

아침이면 피어나는 그대 모습
밤새워 그리움을 삼키우다
꽃잎 꽃잎 마다 머금은 눈물

다소곳이 옷매무새 여미고
내 귀에 들려주는 나직한 님의 목소리
"나를 잊지 말아 주세요"
그리움을 안고 영원을 노래하는데
나의 사랑스런 물망초여
영원히, 영원히 사랑하리.

사모곡

임은 곱디고운 한 송이 목련꽃이 옵니다
이른 봄 동백 향기에 묻혀 오신 임
해와 달 말 없이 돌린 뒤
여리고 여린 씨앗 하나 세상에 내놓으시고
보듬어 키운 사랑 내 어이 잊으리

불면 날아갈까 금지옥엽으로 키우신 임
먹구름, 천둥 번개 사납던 날
이승의 꿈 접으시고 저 하늘 별로 뜨신 임

눈감아 어리는 임의 모습 어이 내 지우리
임을 바로 못 모신 여한이 내 가슴속 집을 지어
임을 불러 봅니다 어머니 어머니

임은 바로 땅이시자, 하늘이옵니다
더할 나위 없는 사랑이옵니다.
만날 길 언제이려나. 어머니 어머니.

주님께 기도드립니다

긴 폭염 속에 인고의 시간을 지나
인내의 풍성한 열매를 맺게 하소서
사랑의 넉넉한 용서의 마음으로
모든 것을 담을 수 있는
넓은 마음을 내려 주소서

남에게 노여움과 아픔을 주었던
신실치 못한 마른 마음에
치유의 은혜를 풍성히 내려 주소서

춥고 가난한 영혼들을
보듬어 주는 넉넉한 마음을 갖게 하소서
메마른 영혼들을 주님의 나래로
포근히 덮어 주사 은혜의 강이 넘치도록
인도하는 안내자가 되게 하소서

목마른 영혼들에게
갈한 목을 적셔주는
깊은 샘물이 되게 하소서.

갈림길

- 그리운 임의 2주기에 -

인생은, 죽음은,
나는 이 두 갈림길에서
서성이며

다시 만날 수 없는
평행선을 달리는 기차의 선로,
달리고 달려
어느 한적한 간이역에서
당신이 가든 길 멈추고서
날 기다려 주면 아니 되나요

또다시 서로의 방황인가
오늘도 당신이 간 이 길을
나는 숨 가쁘게 달려 보건만
여전히 인생의 수레바퀴는
멈출 줄 모르고
먼먼 피안을 향해
그저 달리고 있다

여강 언덕에서

남한강 물 구비마다
은빛 비늘처럼 햇살은
산산이 부서져 내리고

강물 위 황포 돛단배
그 옛날 추억을 싣고
일렁이는 물결을 가른다.

영월루 올라
바라보는 벽탑
긴긴 세월
하늘을 재듯 솟고
신륵사 나옹 스님,
목은 선인의
명상 터 너럭바위
솔숲 바람 스쳐간 자리
지금도 발아래 여강은
말없이 흐르고 있다.

붉은 노을 물 드려진
양섬 숲 물새 떼
너울 치며 깃 드려지는 곳
강 건너 학동 마을
도자기 가마에
파란 꿈이 익어가고
하얀 연기 오늘도 학이 되어
하늘 치고 오른다.

신발은 항구

신발은 버릴 수 없는 나의 가까운 나의 친구다. 어찌 보면 길에 사는 동반자.

돌아보면 지난날 걸음마를 배울 때부터 오늘까지 떼어 놓을 내야 뗄 수 없는 나의 동반자다. 오늘도 신발은 가까운 길 먼 길 가림 없이 투정 없이 충직한 종이 되어 나를 기다리다 군말 없이 나를 실어 나른다.

때로는 피곤해 지쳐도 주인이 하자는 대로 묵묵히 말없이 대령해주어 그 겸손함에 오히려 내 머리가 숙여질 때가 더러 있다. 그런 날은 그를 들어 화장도 해주고 먼지를 털어주고 머리를 쓰다듬어 주기도 한다.

신발하면 못 지우는 추억이 나에겐 하나 있다.

내 나이 열아홉 때 기성화가 없던 시절, 첫 월급을 타서 굽 높은 예쁜 구두를 하나 맞추어 신었다. 그때는 쌀 한 가마니에 2,700원 하던 시절. 쌀 두 가마니에 버금가는 일금 5,500원에

구두 하나를 처음 맞추어 신었다. 처음 구두를 신으니 구두가 발에 맞지 않아 뒷-꿈치를 깨물어도 반창고가 없던 시절 군말 하나 하지 않고 빳빳한 종이를 오려대고 신으며 어깨 펴고 다녔다. 그 맞춤구두 하나가 온 동리 선망의 대상이 되어 철부지인 나는 좋아라 신고 다녔고 어쩌다 발이 아프면 살 양말(스타킹) 속에 종이를 넣고 신어 온 동리에 부러움을 사 속으로 으스대고 다니기도 했다. 이 맞춤 구두 한 켤레가 우리 동리 처녀들의 맞선 보는 자리 자기 신분을 밝히는 가교 역할을 하기도 했다. 친구들이 맞선을 보게 되는 날이 오면 내 구두가 세가 났다. 발이 큰 친구는 뒷-꿈치를 깨물리고 발이 작은 친구는 앞쪽에 종이를 넣어 신기도 했다.

약혼을 하고 결혼식을 올릴 때가 되면 고맙다는 인사와 함께 맛있는 과일과 사탕을 주면서 그 신발 덕분에 이렇게 결혼을 올리게 되었다고 따듯한 인사를 받기도 했다. 시집을 갔다가 친정에 오게 되면 어느 친구는 찾아와 고마웠다는 말을 해주기도 했으며 내 신발 덕분에 자기도 구두를 하나 맞추어 신게 되었다는 이야기를 해주는 친구도 있었다.

그 맞춤구두 한 켤레가 전천후 나룻배 이제와 돌아보니 그때 그 시절이 그립기만 하다.

그때 그 친구들을 만나면 깔깔 웃으며 발 깨문 이야기로 박장대소하던 그 시절 그 모습을 지금도 지울 수가 없다. 그런 맞춤구두 신발을 요즈음은 영 볼 수가 없다. 요즈음은 맞춤구두 대신 기성화가 범람해 신발이 지천이다. 한가한 날 모처럼 신발장을 열어놓고 정리를 해 본다.

신고 다니던 신발을 계절별로 색상별로 모양별로 깨끗하게 정리 하면서 잘 닦아 놓아주며 오늘은 내일을 위해 편히 쉬라고 머리를 쓰다듬어 주기도 한다.

나는 신발장 문을 닫으며 오늘은 너희들 안식처에서 편안이 쉬렴, 내일을 위한 출발을 위하여...

돌아서 생각해 보니 아, 신발은 항구라고 입속에서 되 뇌이며 "먼 바다를 항해하는 배를 떠 올리며 거친 파도 긴 여정을 지나 늦게 어느 항구에 도착하면 그간에 고단함도 잊은 양 내일의 긴 항해를 위해 쉼을 얻고 평안을 꿈꾸는 배들의 모습이 그려진다. 그래서 나는 신발은 항구라고 생각해 본다. 내가 길을 가다가 발이 아프면 조금 헐렁한 신발을 바꾸어 신고 나오라 듯 나를 다시 집으로 안내해주어 내 발은 배, 신발은 내 항구라고 다시 생각하게 되었다.

내 발은 배, 신발은 나의 항구 괴롭거나 즐겁거나 나는 내 항구를 떠나서는 살 수가 없다.

나는 내가 신는 신발이 편안할 때 비로소 만족함을 느끼고 항구가 별 탈 없음을 알아 만족이 평안이라는 단어를 생각하곤 한다. 발이 불편해 신기료-장수에게 들려 신발을 손 본 다음 신을 신어보면 신기료-장수 하는 말이 손님 이제 만족하고 평안하십니까? 하고 물을 때 그 신기료-장수가 손님의 발이 지금 편안하게 항구에 들어 정박해 있는지를 묻는 것만 같이 생각이 들곤 한다.

나의 신발장을 열면 어느 항구 이름 모를 곳을 항해할 준비를 하고 명령을 기다리는 나의 항구 신발을 보며 나란히 어깨 곁에 정박해 있는 신발 "항구"를 신기해 다시 바라본다.

나의 인생길 여정을 백년토록 같이할 나의 항구 신발을 보며 또 하루 평안을 꿈꾼다. 나를 실어 나르는 신발은 나의 항구 정말 믿음직한 나의 항구라고 나는 늘 생각한다.

오해 · 88

할머니 국어 공부 다시 해 · 93

낙엽 질 때 생각나는 하프타임이 주는 교훈 · 97

이종화

호 : 德山덕산. 대전 출생
충남 대학교 법학과 졸업
(주) 상품 시장 상무이사
(주) 코리아 비즈넷 대표이사
(주) 기프트 서울 경영 고문
남서울비전교회 노인대학장
2016년 국제문예 신인문학상 수상
(사)국제문인협회 이사
철쭉꽃 사랑 문학회 회원

시작 노트

억새꽃이 하늘을 덮는
묵정밭에 발을 들여 놓는다,
아무리 보아도 내가 보이지 않는다.
미지의 세계에 나의 푯대를 세우고
애면글면 달려온 지난날 이야기를
거짓 없이 밝혀낼 때
그 글이 자성적이어야 한다는데
붓이 가다 멎는다.

내가 꼭 하고 싶은 일을 한다는 것은
참으로 보람된 일 같아 던진 붓을 다시 들고
묵정밭을 파헤치기 수십 번
이마에 골 깊은 주름을 이고
지난날 울고 웃던 사연들을 더듬어 본다.

허락한 십자가 앞에 서면
나는 이미 없다고 생각하라며
진리 앞에선 자기는 묻어야 한다며
읽는 이가 자성적인가를 저울질 하니

참된 글이어야 읽는 이가 찾는 것이라며
깨우침이 있어 새로운 눈을 뜨는 것이
수필이라고 하는
노곡 선생님의 말씀을 따라 붓을 듭니다.
어느 날 문득 내 수필도
날개옷을 입고 장천을 나는 꿈을 꾼다,
부족한 글을 철쭉꽃 동인지로 묶는다니
알 수 없는 설렘이 초례청 신부 같다.

어디가 끝인지 모를 실타래 수레바퀴를
오늘도 나는 돌린다.

오해

우리는 세상을 살아가면서 상대방이 한 말을 그릇 해석하거나 그가 한 말의 뜻을 잘못 해석하여 생각지도 않은 오해가 일어나는 일들을 종종 볼 수 있다.

또 문자로 자기의 뜻을 나타낼 때 띄어쓰기를 잘못하여 본래의 표현하고자 하는 뜻과는 판이하게 다른 뜻으로 표현하게 되는 경우가 종종 있다.

이 모든 것은 자기의 주관적 사고思考에 치우친 나머지 상대방의 처지와 감정을 충분히 이해하지 못하는데서 일어나는 일이라고 생각해 본다.

옛말에 오얏나무 밑에서는 갓끈을 고쳐 매지 말라는 말이 있다. 이 말의 속뜻은 이왕가인 전주이씨 종사에 함부로 이야기 하거나 끼어들지 말라는 이야기다. 특히 납득이 가지 않는 말을 하거나 자기네의 뜻하는 바와 다른 말을 하거나 또는 의심을 가게 하는 말을 한다던가 행동을 하면 그들의 오해를 불러일으켜 종국에는 끔찍한 화를 당한다는 이야기라는 것이다.

이렇듯 상대방의 말이나 문자를 잘못 이해하여 일어나는 일은 뇌관 없는 폭탄처럼 언제 터질지 모른다는 것이다.

말 한 마디가 잘못 전해지고 바르게 해석하지 못함에 따라 부자간의 갈등, 부부간의 갈등, 고부간의 갈등, 친족 간의 갈등, 형제간의 갈등 그리고 친구간의 갈등 등으로 종국에는 자신과 대중과의 갈등 등으로 판가름 되어 파당을 일으키는 경우가 있음을 알아야 한다.

그렇다면 이런 상황에 처해 있을 때 어떻게 하여야 그릇된 것을 바로잡고 잘못 이해하고 있는 뜻을 바로 잡을 수 있는가 하는 문제가 중요하다고 하겠다.

오늘날 우리는 상대방을 이해하려 들기 보다는 자기 생각만을 주장하여 자기의 입지를 굳혀가는 것이 상례가 되어 있는 사회를 살아가고 있는 것이 현실이다.

이러한 경우에는 우선은 상대방에게 다시 생각해줄 것을 간절히 요청하여야 한다. 잘못 알고 자기 주장만을 내세우는 자에게는 자기의 거짓 없는 뜻을 명확하게 밝혀 주어야 한다.

상대방이 이해할 때까지 자기의 입지를 먼저 내려놓아야 한다. 한쪽만 내려놓고 사정을 하게 되면 상대방이 잘못한 것으로 오해하고 자기 주장만 자꾸 내세우게 된다. 모든 사안을 백지로 내려놓고 우선 잘못 알고 있는 부분을 하나하나 갈라 가닥을 지어 바르게 소명해주어야 한다. 이런 경우를 의사와 표시와의 불일치라고 말하는 것이리라.

한 가지 예를 든다면 꽤 오래전의 일인데 어린이 세계미술대회 수상작품을 보러간 적이 있었다. 여러 수상작품 중 가장 눈길을 끈 것은 새끼 세 마리를 뱃속에 품고 있는 돼지의 그림이었다. 이 새끼 돼지 세 마리를 색깔이 모두 다르게 그려 놓았다.

빨강 노랑 파랑색을 칠해 놓았다. 한참을 보다 생각한 것이 한 뱃속에 있어도 생각하는 것은 다르다는 뜻을 말하는 것으로 보았다. 각기 다르게 사유思惟하는 것을 색상으로 그려놓았다. 너무나 기발한 아이디어였다.

나는 이 그림을 그린 아이의 머리의 비상함에 존경심을 갖게 되었다. 서로 다른 생각을 하고 있는 새끼 돼지의 생각을 그려낼 줄 아는 아이는 천재라고 생각하게 되었다. 그림의 모양은 같지만 생각하는 것은 각기 다르다는 것을 색깔로 나타낸 것을 읽을 수가 있었다.

모든 사물을 보고 내가 본대로 해석해서는 안 될 것이라는 것을 이 그림에서 배웠다. 그 그림 속에 숨어있는 뜻을 읽어낼 수 있는 것이 정말 어렵다는 것을… 남과 다르게 생각하는 것은 자유라는 것을 말하고 있었다. 한 마디 말을 말하기 전에 세 번 다시 생각하리라는 선인들의 말도 다시 생각하게 되었다.

내가 말하는 말은 나보다 먼저 하늘이 보고 있다는 것을 내 스스로 알게 되었으며 상대방이 던진 말을 바르게 이해할 때 지난날의 감정으로 되돌릴 수 있다는 사실을 비로소 알게 되었다.

우리 주변의 정치, 사회, 종교, 문화 각 분야에서 일어나는 사건들이 상대방이 한 말이나 뜻을 잘못 이해하고 전도顚倒된 생각을 하였을 때 상상을 초월하는 끔찍한 결과가 나타나는 것을 종종 볼 수 있다.

오해 없는 건전한 사회를 만들기 위해서는 먼저 상대방의 입장을 생각해보고 나의 입장을 객관적으로 판단해 가는 것이 오해의 소지를 지우는 첩경이라고 생각해 본다.

몇 해 전에 고향을 찾았을 때 초등학교 선배가 너를 다시 보아야 하겠다는 말을 했다고 전해주는 친구가 있었다. 고관직에 머물다가 나이 들어 낙향해서 심심하다고 수필을 쓰는 선배였다.

내용인즉 나를 보고도 못 본 체 하고 내가 그냥 가더라는 이야기였다. 그 말을 듣고 "아, 그래 나는 못 보았는데 내가 난시亂視야. 그래서 멀리 보지 않고 앞만 보고 다니거든, 그래서 아마 내가 못 본 모양이지."라고 그 친구에게 말했더니 그 친구가 몇 달 뒤에 그 선배를 만나 "참 지난번 당신이 말한 그 후배, 그 사람 눈이 좋지 않아 안경을 맞추어 쓰고 다닌데… 아마 심한 난시라고 하더구먼… 이사람, 그리 알아" 라고 그에게 알려주었더니 "아, 그래 그 사람이 그럴 사람이 아니었는데 내가 잘못 생각했었구먼." 하더라고 내게 친구를 만난 이야기를 해주었다. 그 후 근 일 년 뒤에 그 선배를 만났더니 "이 사람 반갑네."하며 "자네가 안경을 쓰게 된 것을 모르고 내가 그만 오해를 했어." 하며 손을 내밀어 "형님 감사합니다." 하고 머리를 숙였던 일이 있었다.

이렇듯 말 한 마디 글자 하나가 뇌관 없는 폭탄이 되기 쉬우니 말조심 입조심 하고 상대방의 말이나 글을 역지사지易地思之로 생각하며 살아가면 사람이 살만한 좋은 사회가 이루어져 신뢰와 정이 넘쳐흐르는 사회가 되지 않을까 생각해본다.

할머니 국어 공부 다시 해

세상을 살아가면서 상대방에게 자신의 의사를 전달하는 수단으로 사용하는 말이 (言語언어) 없다면 세상은 어떤 모습으로 변화하고 있을까?

두말할 필요도 없이 세상은 온통 혼란투성이 굴레 속에서 약육강식의 동물 세계와 조금도 다름이 없었을 것이라 생각한다.

우리에게는 서로가 자신의 의사를 자유롭게 표현하면 상대방과 의사소통을 할 수 있는 말이 있다는 것이 얼마나 다행스러운지 고맙기만 하다.

그러나 이러한 말들도 전달자가 표현하고자 하는 말뜻을 잘못 받아 드릴 때 이해하지 못할 오해를 불러일으켜 크고 작은 사단이 벌어지는 일을 종종 목격하기도 한다.

며칠 전 고유명절인 설날 우리 가족은 설명일 행사를 마치고 다과상에 둘러앉아 각자 하고 싶은 말이나 소원을 이야기

하며 그동안 체험했던 이야기 거리와 덕담을 주고받는 자리에서 "큰 할아버지는 글을 잘 쓰시잖아요? 제가 방학 숙제로 글짓기 한 것인데 읽어보시고 고쳐주세요." 하며 '할머니 국어 공부 다시 해' 라는 제목의 원고를 나에게 주었다.

나는 그 원고를 받아 읽으면서 내용의 줄거리가 제법 재미도 있고 짜임새 있게 잘 구성되어 있어서 가족 모두 앞에서 낭독을 하라고 말했다.

원고 내용의 줄거리는 친구들과 공원에서 어울려 놀다가 잠시 쉬고 있는 동안 우리 옆 긴 의자에 어린 손자와 함께 앉아 있는 할머니가 자기 가방 속에서 울리는 핸드폰 소리를 듣고 전화기를 가방에서 꺼내어 통화하는 소리를 듣고 있던 어린 손자가 "할머니 국어 공부 다시 해." 라며 울먹이는 내용이었다.

원고의 내용을 좀 더 살펴보면 할머니는 전화하는 상대방과 처음에는 일상적으로 대화하는 것처럼 편안한 모습으로 웃음까지 띄우며 정겹게 말을 주고받다가 무슨 일 때문인지 점점 목소리가 커지며 말소리도 빨라지더니 "에구 병신 같은 녀석, 왜 그렇게 했어. 듣기 싫어. 너 전화 끊어."라고 하며 버럭 소리를 지르며 전화를 끊자마자 기다렸다는 듯이 어린 손자는 벌떡 일어나 할머니에게 하는 말 "할머니 병신은 손이 없거나 발이 없는 사람이지 아빠는 손도 있고 발도 있는데 왜 아빠를 병신이라고 해. 할머니는 병신이란 뜻도 몰라. 할머니 국어 공부 다시 해. 그리고 할머니 아빠한테 화내지마." 섭섭한 표정으로 할머니의 가슴을 두드리며 울먹거리자 할머니는 멋쩍은 듯이 어린 손자를 자기 가슴에 꼭 끌어안고 품어주며 "그래 맞아 아빠는 병신이 아니야. 할머니가 말 잘못했어. 이제부터는 안 그럴께." 라고 말하며 다독거려주는 모습을 글로 너무도 잘 그려낸 것이 장해 모두들 아낌없이 칭찬을 하며 박수를 쳐 주었다.

나도 칭찬을 해 주면서 할머니와 아들 사이에서 표현되었던 병신이란 말뜻을 조카 손자에게 조금 더 자세하게 설명해 주었다.

병신이란 몸의 어느 부분이 온전하지 못하거나 기형적인 사람을 일컫는 말이라고 하는 것은 상식적으로 아는 일이지만 이러한 말뜻 외에 남을 얕잡아 보거나 지력이 보통사람보다 못 미치는 사람을 일컫는 말뜻도 있다는 것을 알려 주었다.

너의 원고 속에서 할머니가 아들에게 말한 병신이란 뜻은 모자간의 아무런 거리낌이 없는 사이에서 일을 제대로 처리하지 못한 아들을 꾸짖는 표현이었기에 별다른 탈은 발생하지 않겠지만 서로 이해관계가 얽힌 사이에서 병신이란 말이 표현되었다면 자기를 무시하는 말로 들려 좋지 않은 다툼이 벌어질 수도 있다고 이야기해 주었다.

특히 이웃과의 말을 나눌 때는 좋은 말을 골라 쓰는 습관을 갖도록 하는 것이 좋겠다고 말해 주고 있었는데 오늘 문득 송년 모임에서 있었던 일이 별처럼 떠올랐다.

회식 자리가 거의 끝나갈 무렵 "아이고 배불러 죽겠네. 너무

많이 먹었나봐."라는 친구의 말에 배부르면 좋지 죽기는 왜 죽어, 라고 되받아치는 또 한 친구의 말에 잠시 죽겠네 라는 말 표현에 이야기 거리가 된 일이 있었다.

죽겠다는 말뜻은 얼핏 생각하기에는 죽음이란 말과 함께 연상되어 나쁜 뜻으로 받아들이기 쉬우나 본래의 뜻은 어떤 일로 인해 감정이 아주 극도에 달함을 표시하는 말뜻이기에 '아이고 배불러 죽겠네, 기뻐 죽겠네 우스워 죽겠네, 와 같이 매우 만족할 때 좋은 의미로도 사용할 수 있다고 설명해 주자, 나의 이야기에 귀를 기울여 경청하던 조카 손자는 "큰 할아버지 우리말 참 재미있어요. 앞으로 국어 공부 더 열심히 할께요." 하며 흡족해하는 모습을 볼 수 있었다.

더 열심히 한다는 조카 손자의 말에 그래 더욱 열심히 노력해 글짓기에 장원을 하기 바란다고 칭찬해 주며 잘 썼다고 등을 쳐 주고야 돌아올 수 있었다.

낙엽 질 때 생각나는 하프타임이 주는 교훈

지금 이 시간은 1박 2일로 설악산 단풍나들이를 갔다가 돌아온 다음날 아침이다. 따사로운 햇살이 스며드는 창가 의자에 앉아 따뜻한 커피를 한 모금 마시면서 어제 가을 나들이를 하면서 일행들과 어울려 울긋불긋 수놓은 천자만홍 속에 아름답게 물이 든 단풍을 바라보면서 모든 근심 걱정 다 내려놓고 마냥 즐겁게 이야기하며 지냈던 모습들이 떠올랐다.

멀리서 차갑게 불어오는 바람에 휩쓸려 그리 곱던 잎들이 우수수 떨어지는 모습을 바라보니 오래전 세상을 떠난 친구와 나누었던 이야기가 문뜩 떠올랐다.

그 친구는 60도 채 살지 못하고 안타깝게도 암 때문에 세상을 떠나고 만 친구였다. 어렸을 때부터 소아마비로 다리를 절룩거리며 건실하지 못한 생활을 하면서도 언제나 명랑하고 밝은 웃음을 잃지 않고 누구에게나 부끄러움 없이 떳떳하게 살려고 노력하는 적극적인 삶의 자세를 견지한 바람직한 친구였다.

그렇게 바르고 곧게 살던 그가 갑자기 췌장암이라는 불치의 병에 걸려 시달리다 앞으로 3개월 밖에 못 산다는 삶의 선고를 받고 살아갈 때 그 소식을 접한 내가 문병을 갔다.

반갑다고 내 손을 잡던 그가 "여보게 친구, 나를 휠체어에 태워 단풍구경 좀 시켜줄 수 있어" 라고 말하는 것이었다.

그 친구의 청을 뗄 수가 없어 그를 데리고 병원 뜰에 같이 나와 붉게 물든 단풍나무 아래서 쉬고 있을 때 그 친구는 낙엽이 뚝뚝 떨어지는 모습을 바라보면서 어쩌면 말없이 떨어지는 낙엽이 내 모습인 것 같구먼 하고 겸연쩍게 미소 짓던 모습이 떠올랐다

울긋불긋 물이 든 단풍, 모든 사람들로부터 감탄과 환호를 지르게 하는 단풍이었지만 그 단풍이 그 친구에게는 쓸쓸히 세상을 떠나는 자신의 모습으로 보였는지도 모르겠구나하고 나는 생각을 하기도 했다.

찬바람이 불어올 때마다 우수수 떨어지는 낙엽을 바라보던 친구는 갑자기 웃음을 머금은 채 나를 바라보며 조용히 나에게 물었다.

"여보게 친구, 저토록 곱게 물든 단풍들이 그대로 있으면 좋으련만 왜 낙엽이 되어 떨어지는 거지?

자신의 마지막 생을 이어가려 몸부림을 치다 어쩔 수 없이

모든 것을 포기하고 눈감은 채 떨어지는 모습은 아니겠지…

아마도 떨어지는 저 낙엽들은 어차피 떠나야만 되는 운명 속에 자신이 할 수 있는 모든 것을 마지막으로 보여주기 위해 자신을 아름답게 단장하고 모든 사람들에게 보여주는 것이겠지.

바라보는 이에게 기쁨과 즐거움을 안겨주고 떠나는 모습이 고종명考終命 하는 것이라고 생각하는 것이 맞겠지"라고 말하는 친구의 말속엔 왠지 잘 알 수 없는 삶의 무게를 느끼게 하는 의미 있는 이야기로 들려 선뜻 어떻게 대답할지 나를 당황스럽게 하게도 한 친구였다.

자신의 삶이 얼마 남지 않았다는 것을 자기가 알면서도 매사에 긍정적인 마음으로 사물을 바로 보는 친구의 마음, 이런 마음은 우리 모두가 가슴에 깊이 새겨야 할 아름다운 마음이라 생각된다. 당시 그 자리에서 즉답을 못했던 나 자신이 정말 부끄럽기만 했다.

사람들은 자신이 서 있는 위치에서 자신을 뒤돌아보고 더욱 아름답고 보람 있게 사는 길을 찾고자 할 때 하프타임을 잘 활용하라는 말을 자주 듣게 된다.

하프타임은 모든 경기 때마다 전, 후반전이 있어 전반전이 끝나면 후반전이 시작되기까지 휴식 시간이 주어져 그 시간을 이용하여 전반전에서 잘 한 것과 못 한 것들의 여러모로 심사 분석하여 잘못된 것들을 바로 개선해 나가고자 새로 작전 계

획을 짜는 시간이다.

어떻게 하프타임을 잘 짜고 활용하느냐가 후반전에서 역전의 기회를 만들어 승리의 쾌감을 맛보게 하는 경기를 우리는 종종 보게 된다.

옛날 말에 지피지기면 백전백승이란 말이 있듯이, 이처럼 누구에게나 주어진 환경 속에서 하프타임을 잘 활용하여 보다 나은 새롭고 유익한 삶을 만들기 위해 노력하는 마음의 자세는 매우 바람직한 자세가 아닐 수 없다.

이런 자세는 붉게 물든 단풍이 자신의 모습을 통하여 모두에게 기쁨을 주기 위해 상각머리에 제 몸의 물기를 조금씩 거둔다고 말하던 그 친구의 생각과 다를 것이 없을 것이라 생각해 본다.

나도 이제 팔순을 바라보는 나이가 되고 보니 언젠가는 모든 것을 내려놓고 집착의 고리 끊고 떠나야 될 때가 오겠지만 친구의 마음처럼 모든 것을 긍정적인 마음을 가지고 남은 시간을 잘 활용하면서 아름다운 추억을 반추하며 살아가고자 다짐해 본다.

때로는 지금 이 시간이 나에게 주어진 하프타임이라 생각하고 새로운 마음가짐으로 열심히 살겠노라고 다짐해 본다. 유명을 달리한 그 친구를 불러보며 그에게 홀로 슬며시 말을 건네 본다.

언젠가는 살려고 아무리 몸부림을 쳐도 떨어지고 마는 낙엽처럼 이별의 고통에 직면해 참고 사는 것은 자연의 순리요 법칙이기에 이 법칙에 순응하며 아무런 부담없이 내게 주어진 삶 속에서 더 좋은 삶으로 이끄는 방향키를 조정하여 달려가는 것 이것이야말로 참 보람 있는 삶이라 생각하며 그렇게 살아가고픈 마음을 나 자신 가슴속 깊이 새겨 본다.

지금도 변함없이 곱게 물든 단풍들이 소리 없이 떨어지는 모습 속에서 유명을 달리한 그 친구의 모습을 떠올리며 늦깎이 인생 눈꽃을 피우는 영마루 내 돌아갈 길을 잠시 그려 보며 나는 지금 건실하고 건강한 삶을 위한 하프타임을 선용하고 있는가를 자신에게 물어본다.

우물 안 개구리 하늘을 날다 · 105

100세 시대의 明暗 · 115

박순이

진해여고 졸업
초등학교 교사 역임
대한부인회 임원
국제문예 수필부문 등단

시작 노트

“우물 안 개구리”
나래 달아 철쭉꽃 언덕으로
세상을 다시 보게 해주심에 감사드립니다.
한 줌 흙으로 뵈지 않는 넋으로 돌아갈 목숨인데
내 가슴속 그리움은 어디로 가는 걸까?
때 묻어 어깨 쳐진 목련인데 눈감으면 떠오르는
아득한 저 하늘로 나 돌아가야 하리
삶이란 풀잎에 걸린 아침 이슬 같은 거
지나는 바람결에 빛을 묻고 가는 거
북천을 나는 기러기 울음소리가
내안의 애끊는 그리움을 깨우는 밤
목을 잡고 우는 저문 날의 대금소리
언젠가는 천년 성 기침 소리 찾아
나, 돌아가야만 하리
밤이면 입에 물고 불어대는
대금소리가 나의 귀를 멀게 해
좁은 가슴 타고 흐르는
시의 강에 나를 묻고만 싶어라
못 잊는 그리움이여
잊을 수 없는 사하라여
그 모래 벌 내 발자국이여...

우물 안 개구리 하늘을 날다

근 30년 전 해 묵은 이야길 늘어놓고 싶어 지난날 써 놓은 기행문을 뒤적이다 어설프게 쓴 글을 내놓아본다.

성지 순례로 출발하는 날이 바로 내일이라 하니 잠이 오지 않는다. 먼저 오늘이 있게 해 주신 절대자에게 손을 모았다. 영기가 짐을 챙겨 차를 몰고 김포 가도를 달릴 때 그 설렘 뒤로 별로 뜬 임의 환영이 또렷하게 일어나 뜨거운 눈물이 가슴을 적시었다.

공항에 내리자 제 각기 흩어져 살고 있던 가족들이 모두 나와 있다. 신문에서 본 한국의 탈 벗지 못한 후진국 출영 모습만 같아 계면쩍기는 했어도 마음 한편 든든했다.

영기가 용돈으로 쓰시라며 1,000달러를 환전해 주고 수속을 밟아 주어 패키지 성지 순례 단체에 합류하게 되었다. 보내는 이는 손을 흔드는데 왜 나는 눈물이 자꾸 나는지? 할머니 가지 마세요. 하며 이별을 아쉬워하는 손녀에게 잘 다녀올게 하고 손을 흔들어 주었지만 내가 이승을 떠날 때 말없이 떠나야 하는 내 그림자를 보는 것 같은 느낌이 들었다.

이제는 이렇게 살아가겠지 먼 산지기로 하고 그런 생각이 덧없이 꼬리를 문다. 같이 가는 사람들은 모두 대학을 갓 나온 병아리 차림이다. 건너편에 서 있는 사람은 중견 회사원같이 보이고 그와 같이 한 부인은 한복 차림이라, 여행을 하는 복장과는 영 어울리지 않았지만 무척 다복해 보였는데 나는 곁에 앉아 있는 사돈에게 그들을 가리키며 고소苦笑를 지어 보였다.

제주도 가는 국내선과는 영 다른 국제선 노스웨스트, 객선이 400석이 넘는다니 승무원과 또 그들의 짐을 모두 싣고 하늘을 날 수 있다니 정말 놀라지 않을 수 없었다. 총명한 사람의 두뇌는 무한한 개발을 쉬지 않고 하고 있구나, 이런 경이로운 사실 앞에 오늘을 생각하게 되었다. 60년 만에 개구리가 우물을 나와 하늘을 날고 세상 구경을 하는 것만 같아 가슴 뿌듯하고 시원했다.

거대한 철의 새는 활주로를 박차고 하늘을 올라 시가지를 굽어본다. 기수를 동녘으로 돌리는 것이 아닌가? 내려다 본 시가지의 집들은 마치 성냥갑 같고 달려가는 차는 줄지어가는 개미 떼처럼 보였다.

기내에선 건장한 아랍계 남자 보이가 친절하게 시중을 들어준다.

한 50분은 지났을까? 물수건을 돌리고 이내 기내식이 나온다. 정말 호화판이지만 마음대로 먹을 수 없는 것을 어쩌랴 그냥 입맛만 다시고 그냥 돌려보내 주어야 했다.

오후 1시에 동경에 도착했다. 두 시간을 더 기다려 카이로행 비행기에 오른다니, 무려 세 시간 동안 대기실에서 기다려야 했다. 일본 여인의 애교스런 안내방송이 흘러나온다.

국제공항이라 흑백 황동 등 색다른 인종들을 구경하며 4시에야 비로소 카이로행 비행기에 올랐다. 눈앞에 펼쳐지는 것은 구름바다, 무엇을 구경하랴 눈을 감고 잠을 초대해 보지만 영 잠이 오지 않는다.

8시 40분에 마닐라에 도착, 한 시간 쉬어간다고 해 비행기에서 내려 로비로 나가니 우리나라 한 여름 못지않게 더웠다.

여기저기서 부채질을 하는 사람들 모두는 반팔 차림에 끌게신이라 하루 한 번 스콜이 내린다는 나라, 7,000여 개의 섬으로 이루어진 나라, 자국민끼리도 말아 통하지 않는다고 하는 나라, 통일된 언어는 영어라고 한다. 다시 비행기에 올라 카이로로 기수를 돌려 인도양을 건너 카이로에 도착한 시간은 6시간 뒤 13시 45분, 6시간을 공중에서 날려 보내고 나니 이곳은 다음날 아침이다.

4월 16일

이집트의 수도 카이로이지만 국립박물관으로 가는 연도에는 흡사 우리나라 소도시 야채 가게에서나 볼 수 있는 열무, 마늘, 양파, 배추 등 가지가지 식료품들이 나열해 있다.

한더미씩 쌓아놓고 팔고 있어서 이곳이나 우리나라나 생활 양식이 비슷한 것을 느낄 수 있었다.

박물관에서 느낀 소감은 50년 전 국민학교에서 배울 때 선생님이 말씀해 주신 왕의 황금 미라 이야기가 떠오른다. 몇 천 년 전 6중으로 만든 관과 말로만 듣던 미라와 관을 이제는 실제 내 눈으로 직접 본다. 거짓말 같던 사실을 확인할 수 있다. 그 오묘하고 정교한 부장품들, 상상을 초월한 옛 사람들의 솜씨와 그들의 문명 앞에 두 손을 든다. 말로만 듣던 4대 문명의 발상지 나일 강의 기적을 직접 볼 수 있었다. 오늘의 우리 문명이 거꾸로 퇴보하는 것만 같이 느껴졌다.

박물관을 나와 차를 타고 도심을 지나며 현지인들의 생활상을 보니 그 옛날의 화려하고 정교한 모습과는 달리 옷도 구질구질 하고 사람들은 모두 활기가 없고 생활고를 겪고 있는 사람들같이 보였다. 터번을 감은 머리는 깨끗하지 못했으며 생기 잃은 눈동자는 후진국임을 증명하고 있었다. 왜이리 되었는지 몰락하는 모습을 보는 것 같아 안타까움만 머리를 스치고 지나갔다.

우리나라는 GDP가 조금 높아졌다고, 조금 잘 살게 되었다고 수입을 개방하고 국민들은 본 궤도를 잃고 외제만 찾으면서 흥청대며 살아가고 있으니, 정치인이나 기업인들이 돈을 물 쓰듯이 흥청대고 살아가면 머지않아 우리도 저 이집트의

꼴이 되지 않을까? 적이 걱정이 앞서기도 했다. 우리 모두 이 이집트를 거울삼아 정신 좀 차립시다라고 외치고 싶었다.

4월 17일

이곳에 와보니 그들의 좋은 점도 몇 가지 들 수 있었다. 상상하기보단 인간성이 정말로 순진하고 거짓없이 착하게만 보였다. 절대로 남의 물건을 훔치지 않는다는 것. 정말로 도둑이 없다고 한다.

그래서인지 울도 담도 없는 집들이 많다. 아침식사는 이집트의 고급 호텔에서 했지만 우리나라의 뷔페식만도 못했다.

우리는 6시 50분 이집트를 출발하여 이스라엘로 향했다.

이날 일행 46명 중에서 죽어도 잊을 수 없는 에피소드를 내가 하나 남기게 되었다. 여기서부터 텔아비브까지 6시간 동안을 사막을 횡단하여야 한다고 해 광대한 사막길을 달리기 시작했다. 차창밖으로 보이는 것은 모래, 모래성 뿐, 가도 가도 끝이 보이지 않고 나무 한 포기도 구경할 수 없었다. 가다가 스웨즈 운하가 나왔는데 그냥 버스를 타고 건너갔다. 서울에서는 땅 한 평 값이 금보다 더 값진데 이곳에서는 개간한다고 하면 땅을 정부에서 거저 준다고 하며 또 정부에서 지원자금도 준다고 하니 가이드의 말이 개간해서 이곳에서 살고 싶으신 분은 손들어 보시라고 한다. 복잡한 서울에서 사시지 마시고 이곳에 보따리를 풀어보시라고 농담 반 진담 반 이야기를 한다.

이 넓은 세상에서 멋진 꿈을 한번 펼쳐 보시라며 희망하시는 분은 자기가 알선해 드리겠다고 하니 사람들은 "와-" 하고 박장대소를 한다.

그런데 나는 어쩐 일인가 남은 웃는데 나는 도저히 웃을 수가 없었다.

살살 아프던 배가 점점 구라파 전쟁으로 치닫고 있지 아니한가, 꿀꿀 쾅쾅 폭발 일보 전이라 어쩔 수 없이 한참 이야기하는 가이드를 붙잡고 나 좀 살려달라고 애원하기 시작했다.

"나 좀 살려주시오, 도저히 참을 수가 없습니다."라고 말했더니 알았어요, 하더니 급히 차를 세워준다. 나는 급히 내려 넓은 사막 메마른 들판에다 폭포수를 기우리고 타는 사막을 촉촉이 적셔줄 수가 있었다.

시원한 배를 안고 이냥 차로 돌아와 두 손으로 얼굴을 가린 채 앉을 수가 있었다. 한참을 달리는데 외딴 집이 하나 보였다.

그 집을 보던 가이드가 내게로 다가오더니 "저 하얀 깃발을 단 저 집이 무슨 집인지 아십니까? 저 하얀 깃발 꽂은 집은 과부의 집이라는 표시인데 '나는 임자 없는 몸이니 나그네들이여, 나에게 생각이 있으면 찾아오라' "는 표시라고 일러준다.

애굽인들의 정조관념에 고개를 기우뚱 해 본다. 차 안은 웃음소리로 가득 했었는데 나는 모처럼의 관광 나들이가 괴롭기만 했다. 정신없이 앓는 동안 시간은 흘러 무의미한 공간만이 희미하게 아른대다 지워지고 사막이 끝나가는 지점에서 어느 집에 들어가 "water give me" 하고 영어로 말하였는데 알아듣지를 못해 손짓 발짓 다 해가며 물 한 모금 달라고 하여 찬물 한 컵을 가져온 그녀에게 다시 노하고 "hot water"라고 손짓 발짓을 다시 하니 간신이 알아듣고 물을 다시 끓여다주어 받아먹고 고맙다며 사례비로 5달러를 주었더니 안 받겠다고 한다.

물 주고 돈 받는 법이 어디 있느냐고 계속 손을 내저어 그냥 돌아 올 수밖에 없었다. 토사광란이 난 나를 살려준 그녀, 따듯한 물 한 모금으로 나를 살려준 은혜, 지금도 그 고마움을 잊지 못한다.

어느덧 텔아비브에 가까이 왔다고 한다. 유대인들의 근면성과 부지런함은 애굽과는 영 다르게 느껴졌다. 그리 먼 거리를 떨어져 있는 것도 아닌데 이렇게 땅을 옥토로 만들고 각종 농작물을 정성들여 가꾸어 농산물이 풍부한 것을 보니 다부지고 근면한 그들의 민족성을 읽을 수 있었다.

피로가 겹친 가운데 시나이 호텔에 여장을 푼다. 아픈 몸을 간신히 달래가며 조심스럽게 눕히는 동포들... 가지고 온 청심환과 소화제를 갖다주며 속을 잘 다스리라고 한다.

순도 수도원에서 오신 수사님은 바늘로 나의 손을 따 주신다. 따듯한 임들의 덕택으로 이국땅에서 천국을 넘나들다 다시 회생할 수 있었던 동포애를 잊을 수가 없다. 정말 고맙고 감사합니다.

4월 18일

텔아비브는 지중해 연안의 아름다운 도시이다. 또 이곳은 탈무드가 완성되어 해저 200m 깊이에 위치해 있는 아름다운 도시이다. 먼저 시몬의 집을 가본다. 로마 압제 시대의 그 잔악한 폭정에 시달리며 살 때, 배가 등에 붙도록 굶주릴 때 어느 날 꿈에 '시몬아, 일어나 이것들을 잡아먹어라' 하시면서 하나님이 보따리를 내려주셨는데 깨어보니 정말 보따리 속에 여러가지 동물들이 들어 있어 제자들은 그 동물로 굶주린 배를 채울 수 있었다는 믿기지 않은 전설을 들을 수 있었다. 그곳에는 십자군 전쟁 때의 거대한 성이 지금도 남아 있었다.

· 갈멜 수도원

무기도와 요구람 언덕을 지나 타불 산을 들어선다. 예수님이 기도하실 때 해같이 빛나는 옷을 보고 베드로가 주님 여기다 장막 셋을 지어 하나는 주님께 또 하나는 엘리야에게 또 하나는 우리가 운운한 그 유래와 전설이 깃든 그 곳을 지나 나사렛 마을을 가 본다. 성모 영사 성당 가나 혼인 잔치 집을 가보니 술독 셋이 아직도 묻혀 있다.

갈릴리 호수를 지나 요단강을 지나 막달라 마리아가 살던 마을을 바라보고 그곳에서 우리는 우리의 믿음인 신앙심을 돌아보았다. 세상을 바라보고 사랑하지 마라. 세상을 사랑하는 것은 바알 신을 섬기는 것이다. 참신을 섬기는 우리는 늘 주안에 살아야한다고 서로 손을 잡았다.

4월 19일

· 갈릴리 호수

나사렛이 주님이 태어나 자란 곳이라면 가버나움은 주님의 공생활을 하신 곳이다. 갈릴리 호수를 배를 타고 가버나움으로 가는 풍경은 한폭의 그림 속을 지나는 것만 같이 아름다웠다. 그 아름다움을 어찌 모자라는 붓끝으로 나타내랴 이곳은 주님이 지나실 때 풍랑이 일어나 부는 바람을 꾸짖어 잠잠하게 하신 자연을 다스리신 곳이라 잊을 수가 없었으며 건너편 막달라 마리아 언덕에서 씨 뿌리는 비유의 말씀도 하셨다. 그 언덕에서 오병이어五餠二魚로 5,000명을 먹이고도 열두 광주리가 남았다는 그곳을 지나 탑 갈라 언덕 진복팔단(너희가 의를 위하여 핍박을 받으면 복이 있나니) 말씀을 되새겨보며 주님이 바람을 멈추게 하신 모습을 눈앞에 그려보며 호수에 손을 씻고 처음 보는 아름다운 꽃을 등 뒤로 하고 기념사진을 찍어보았다. 골란 공원을 거쳐 여리고 도시로 들어간다. 이 도시는 세계에서 제일 오래된 도시로 알려져 있다고 일러준다. 출애급한 민족을 이끌고 길갈에서 진을 친 지도자 모세는 이곳에서 좋은 과일이 많이 나온다는 것을 알았다. 클레오파트라가 그리 예쁜 것은 이곳의 좋은 과일을 많이 먹었기 때문이라고 이야기 해 준다.

여리고성, 허물어진 성의 지층 위에 돌로 쌓인 흔적은 옛 왕조의 흥망성쇠를 대변해 주고 있다. 다음은 사해로 갔다. 교과서에서 만 듣고 보던 그곳에선 짠물에 발도 담가보고 소돔과 고모라성의 멸망의 그날을 상상해 보기도 하였다.

100세 시대의 明暗

어버이 살아계실 제 섬기기 다하여라
지나간 후에는 애닯다 어이하리
평생에 고쳐 못할 일은 이뿐인가 하노라

이 시조를 입에 뇌어 보면 절로 눈물이 주르르 납니다. 그때는 왜 몰랐을까? 부모님이 오래 기다려주지 않고 가신 다음에야 깨달아 한스러운 눈물을 흘리는 것입니다.

또, 쓴 것만 알아 쓴 줄 모르는 어버이 단 것만 익혀 단 줄 모르는 자식.

이 말씀 역시 우리가 자식이었을 때 부모님의 고생과 어려움은 모르고 저만 알고 살았습니다. 부모들은 자신들의 고생은 당연한 것처럼 참고 견디며 갖은 고생을 다하면서 자식들을 대학 공부시켜 좋은 직장에 취직시켜 잘사는 것을 보는 것이 희망이고 人生의 목표였습니다. 자식들도 그처럼 성공하여 부모님이 편안하게 사시게 해드리는 것이 자식 된 도리라고 생각하여 그것을 목표로 애를 썼습니다. 이 부모와 자식 간의 끈끈한 지킬 도리와 내리사랑은 이 시대 즉, 100세 시대가 도래함으로서 퇴색되어 가고 있습니다.

부모들이 오래 살고 있으니 세월이 빨리 지나 효도도 못하고 부모를 여위어 가슴아파할 기회가 오지 않습니다.

어제 TV에 시니어들의 청춘이라고 제목이 나오길래 무언가 하고 봤더니 "놀라지 마십시오. 젊은 노인들이 저마다의 파트너의 손을 잡고 웃음지으며 행진하면서 나옵니다.

그야말로 젊은 노인들이, 남녀 60대 후반부터 80대까지 유산소 운동, 기계체조, 리듬체조, 댄스 등 다양하게도 즐기는 것을 보았습니다. 이렇게 부모들이 오래 살고 있으니 세월이 빨리 지나가 효도도 못하고 부모를 여의어 가슴 아파할 그런 기회가 오지 않는다는 말입니다. 자신들도 나이 들어가는데 부모들이 오래 살고 있으니 오히려 부담을 가질지도 모릅니다.

어버이 살아계실 제 섬기기 다하여라... 하고 후회하던 시대는 이제 전세기의 전설로 남을 것 같습니다. 오래 살려면 건강해야 합니다. 잔병에 효자 없다는 말은 옛날부터 있었습니다. 100세 시대의 자식들은 매우 打算的입니다. 'give and take'입니다. 받고 준다는 뜻입니다.

즉, 재산을 받으면 재산을 받았으니 받들고 섬긴다는 매우

타산적인 관계입니다. 참으로 '어버이 살아계실 제'하고 눈물 흘리던 시대와는 격세지감을 느낍니다. 어느 부부이야기입니다. 남편 되는 분은 아내를 끔찍이도 위하고 어디를 가나 다정히 손을 잡고 서로 사랑하는 자타가 공인하는 잉꼬부부였습니다. 언제부터인가 남자분이 보이지 않고 부인만 다른 친구들과 어울리고 있길래 제가 물었습니다. 바깥어른은 어디 계시냐고? 그랬더니 그 부인의 말이 자기 집에 보냈다고 합니다. 알고 보니 자기 집이란 게 '요양원' 이었습니다. 그전 같으면 남편이 병이 나면 세상 끝날 때(죽을 때까지)집에서 부인이 간호하다가 마침내 수명이 다하면 끝인데, 지금은 병만 났다 하면 그곳으로 보내니 정말이지 정신을 잃지 말고 건강하게 100세 시대를 살아야겠습니다. 자식도, 배필도 인생의 끝자락에는 혼자 가는 길입니다. 건강하게 사는 날까지 살아가야 하겠습니다.

모랄 버섯과 선교 · 122

산을 버리게 한 주의 사랑 · 127

이용길

한신대 철학과 및 동 대학원 졸업
장로회 신학대학 졸업
목사 안수 (예장 통합)
늘 사랑교회 담임 18년
캐나다 원주민 선교사 (14년째 현)
국제문예 수필부문 등단

시작 노트

만년설을 이고 앉아 있는 로키를 찾게 된 것은 나를 지켜보시다 그리해야만 될 것이라 판단하신 하나님의 뜻으로 알고 주저 없이 받아들여 단봇짐을 싸 등에 업고 찾아온 곳이 캐나다 원주민 마을이라,

낯설고 물도 선길 내가 택한 길이었어,
주님의 말씀으로 내가 나를 다스리며
춥고 어둡고 낯선 땅, 빛 하나 심으려고
이름 없이 찾는 길

더러는 넘어져도 돕는 손이 없는 길을,
그 누구 부르고 찾는 이 없는 길을
주님만을 벗하고 못 들어도 내 좋다고
주님 말씀 외쳐대다 빛도 없이 가는 길

태평양에 기운 북두 고향 하늘 손짓해도
입 벌린 농구화에 십자가를 세우려
한 뼘 해 기운 달을 가슴에 안고
눈 덮인 설령을 오늘도 걸어간다.

아직도 눈 못 뜬 내 영혼 물든 자리
길 아닌 길 가지마라 타이르는 말씀 따라
느낌 받게 써보라는 님들 채찍 기다리며
거친 세상 찬바람에 낙엽 하나 띄웁니다.

모랄 버섯과 선교

2007년 캐나다 원주민 선교사로 부름을 받고 캐나다로 들어온 지 어언 10여 년, 그 긴 세월을 두고 사귀어 온 원주민(인디언) 친구가 어느 날 선교사님, '모랄버섯'을 따러 같이 가실래요? 라고 전화를 해왔다. 예상 밖 전화였지만 우선 가겠다고 대답을 해 놓고 나니 지나간 10년 동안의 희비애락의 스크린이 소리 없이 머릿속을 돌아갔다. 모랄버섯을 따러 같이 가자니… 10년 만에…

내가 처음 그를 만나 10년 동안 끊임없이 사귀어 온 인디언 마을대표 친구로부터 이런 전화를 받다니 감개무량이었다.

그를 알게 된 것은, 처음으로 인디언 마을을 찾아, 무엇을 해야 할지 모르는 가운데, 차 안에서 하나님께 기도드린 후, 방문한 첫 집이었다. 그런 인연으로 그 후 그는 나의 가장 귀한 친구가 되었다.

그를 알고부터 무려 10년 동안 끊임없이 그들의 일을 돕고 함께 희로애락을 나누었지만 모랄버섯을 따러가자는 제안은 처음이었다. 그만큼 그들에게 모랄버섯은 쉽게 보여주지 않는 진심어린 속마음인 것이다. 거짓 없이 우직하게 일하는 성실함이 그에게 인정되어 그의 닫힌 가슴을 비로소 나에게 열고 5월 달에 모랄버섯을 따러가자는 전화를 받게 된 것만 같았다. 우리는 전화를 받은 다음 날 일찍 그 원주민 대표를 찾아갔다.

그에게 우리는 무슨 버섯인데 5월 달에 나느냐고 물었더니 그 버섯은 전년에 산불이 난 곳에 5월 달이면 돋아나는 버섯인데 그 생김새는 파인애플 같이 생겼고 크기는 중지만 한데 둥글다고 이야기해 주면서 아무 말 하지 말고 따라오라는 것이다.

어디인지 모를 산을 가리키며 저곳을 가야 하는데 좀 오르기 힘들다고 이야기해주며 오직 원주민들만이 찾아 들어갈 수 있는 산이라고 하며, 무슨 짐승(곰, 사슴, 무스) 등이 나올 수도 있으니 조심하라고 하며 앞서가는 것이 아닌가. 우리는 찾아 나올 수도 없는 깊은 산속을 계속 들어가고 있었다.

산도 그냥 산이 아니었다. 험준하고 험란한 산능을 넘어 한동안 기어오른 후, 그 사람이 여기야 여기라고 소리치며 어서 오라고 해 그를 찾아가 보니 불탄 자리가 축구장 서너 배만 했다.

한참을 두리번거리며 돌던 그 사람이 여기 '모랄버섯'이 있다며 구경하러 오란다. 우리는 바로 따라가 보았다. 그 사람 말

같이 꼭 파인애플 같은 버섯을 보았다. 크기는 중지만 했다. 불이 타고 난 자리에 꺼멓게 탄 잿내를 맡으며 산능을 돌다 우리도 '모랄버섯'을 발견했다.

신명이나 고달픈 줄도 모르고 모랄버섯에 정신을 뺏겨버렸다. 그 순간은 세상의 아무것도 보이지 않고 오직 모랄버섯만 보였다. 얼마를 땄는지 바구니에 반쯤 찬 것 같았다. 그가 옆으로 오더니 이제 돌아가잔다. 여기는 아직 해가 있지만 돌아가는 길이 멀어 잘 찾아갈런지 모르겠다는 것이다.

집사람을 가운데 두고 나는 맨 끝에 따라가는데 무엇이 내 뒤통수를 잡는 것 같아 산속이 두려워졌다. 원주민 마을 대표를 따라 내려오면서 모랄버섯에 대한 이야기를 듣는다.

'모랄버섯'은 아주 귀한 버섯으로 값은 송이버섯의 5배, 그 맛은 사람을 반하게 만들어 소고기보다 맛이 좋다고 하니, 밴쿠버에서 5월이면 상인들이 와서 묵어가며 사가지고 간다고 말해준다.

얼마나 귀한 버섯인지 거리에서는 구경도 못 하고 일류 호텔에서도 맛을 보기 어려운 버섯이라고 일러준다.

우리는 해 동갑을 해서 내려와 딴 버섯을 모두 그에게 주니 그가 아니라고 하며 가지고 가서 맛이나 보라고 한다.

우리는 모랄버섯을 보려고 구경 나온 사람들에게 한 움큼씩 나누어 주고 돌아와 프라이팬에 버섯을 볶아 먹어보니 천하일

미, 송이버섯과는 비교가 되지 않았다.

그 이후 원주민 친구는 자주 나에게 전화를 하며, 내가 오기를 원했다. 나는 자주 그 마을에 방문하였으며, 그들에게 성경 말씀을 들려주고 하니, 자연스럽게 그 친구의 집이 동네 사람들이 모이는 장소가 되었다. 그들 가운데 여러 명이 예수님을 믿겠다며, 크리스찬이 되었다. 작은 교회가 된 것이다.

그와 함께 모랄버섯을 따며 함께 했던 시간을 통해, 하나님의 귀한 역사가 일어난 것이다. 함께 나누었던 조그마한 정성이 이렇게 놀라운 믿음으로 전도 되어질 줄은 몰랐었다. 동네 아픈 사람들이 찾아와 자신들을 위해 기도해 주기를 원하기도 했다.

또 우리는 동네 사람을 찾아가 전도를 해 믿음의 한 식구를 늘리고 병자를 찾아가 진심을 다해 간절한 기도를 해줄 수 있었다. 그렇게 한 것이 소문이 나서 2017년부터 우리가 사는 프린스조지 우리 '원주민 선교센터'로 원주민들이 절로 모여, 예배를 드리는 원주민 수가 30여 명이 넘어 매주 수요일 주님의 은혜 가운데 예배를 드리고 때로는 부흥강사도 초빙해 선교를 하고 부흥집회를 갖기도 한다.

주님은 살아계셔서 우리가 찍고 다니는 구두창이 입 벌리는 곳에, 아니 버섯과 나물을 뜯고 따서 나누어주는 바구니에 십자가를 세워주시는 것을 모랄버섯을 통해 알게 되었다.

우리는 우리도 모르게 어느새 산 사람이 되고 원주민이 되어, 우리가 예배를 드리고 점심을 같이할 땐 그들이 솔선해서 반찬을 마련해 가지고 와 모두 같이 나누어 먹기도 한다.

고국에서 목사님들이나 나를 찾아오는 손님들이 가끔 예배 보는 자리를 같이 할 때는 아낌없는 박수를 쳐주어 우리는 주님께 영광의 기도를 드린다.

로키를 물들이는 눈부신 산노을을 저만치 바라보며 오늘도 주님이 살아 역사하심에 머리 숙여 감사 기도를 드린다.

산을 버리게 한 주의 사랑

나는 매년 여름행사로 벤쿠버에서 올라오는 약 20여 명의 젊은 청년, 학생들과 '세케이'(Sekei)라는 원주민 마을을 방문하여 그들을 섬기는 사역을 하고 있다. '세케이'라는 원주민 마을은 내가 살고 있는 '프린스죠지'로부터 북쪽으로 약 8시간 거리의 숲 속에 위치하고 있다. 도시와는 완전히 격리되어 있는 마을이다.

청년들과 함께 그 마을의 조그만 체육관 시설을 빌려 몇 일 동안 생활하며, 마을 청소와 독거노인, 환자가 있는 가정을 방문하여, 집안 청소와 청결을 도우며 그들을 위해 기도하고, 청년들은 어린이들을 가르치고 동네사람들의 머리를 잘라주는 일들을 통하여 마을사람들과 친분을 쌓아갔다. 그들의 호응은 아주 좋았다. 그러나 마을 청년 중에는 우리의 이러한 사역에 항상 걸림돌이 되는 댄(Dan) 이라는 건장한 청년이 있었다. 이유 없이 우리를 비방하였고, 일하는 현장에 나타나 사역하는

학생들을 조소하였다. 학생들은 그 청년을 무서워하였고, 그가 나타나면 모두 피해 다녔다. 특히 여학생들에게는 더 위험한 존재였다. 그의 온몸은 문신과 흉터로 새겨져 있었고, 그의 손 혈관 위에는 자해의 흔적들이 있었으며, 긴 머리는 등으로 늘어져 있는 험악한 분위기의 사람이었다.

나는 그 청년에 대하여 마을 사람들에게 물었다. 그의 가족으로는 외할아버지 외에는 아무도 없다고 한다. 그는 아버지가 누구인지도 알지 못했다. 그의 어머니 조차 그의 아버지의 족보를 알 수 없기 때문이다. 그의 어머니는 그를 낳고, 그녀의 늙은 아버지에게 아들을 맡기고 세상을 떠났다고 한다. 그래서 그는 외할아버지 슬하에서 자랐다고 한다. 행동이 포학하고, 모든 생각들이 부정적이었으나, 그의 외모는 건장하고 잘생긴 청년이었다. 그는 스스로 "I am a mountain man." 이라고 말한다. 그는 산에서 자랐고, 산에 물들과 살았고, 사냥을 하며 살기 때문에 자신을 '산사람'이라고 말하는 것 같았다. 실지로 그는 산속의 작은 Cabin에서 혼자 살고 있었다. 그 동네의 청년들은 이 사람의 영향을 받아 그를 따라 위험한 깊은 산속으로 사냥을 다닌다.

우리 팀이 마을 사람들에게 예수님에 대하여 이야기를 하면, 그는 말한다, 우리 마을은 "예수를 믿는 것이 아니라, 산을 믿는다. 하나님이 있다면, 나에게 보여라" 라고 말하면서 조롱하였다.

나는 그 청년을 생각하며 하나님께 기도했다. 그리고 그를 만나 조용히 이야기를 나눌 수 있는 시간을 가졌다. 그는 나에게 많은 말을 했다. 그리고 말하기를 “I will believe in Jesus if you move that mountain like Bible saying. Can you do?” (만약 당신이 성경이 말한 것처럼 저 산을 옮길 수 있다면 나는 예수를 믿을 거야. 할 수 있습니까?)

나는 그의 말에 논쟁을 하지 않았고, 조용히 그의 손을 잡고 그가 하는 모든 말을 처음부터 끝까지 듣기만 하였다. 그는 예수님에 대하여 온갖 부정적이고, 조롱적인 이야기를 했지만, 나는 왠지 그의 모습이 싫지 않았고, 그의 얼굴을 바라보며, 그 모습이 사랑스러워졌다. 어려서 부모로부터 버림받고 사랑의 갈급함 속에서 자라온 그의 모습에서, 그는 결코 포악한 사람이 아니라, 누군가의 사랑을 갈망하면서 살아온 여린 마음을 바라볼 수 있었기 때문이다. 나는 더욱 힘껏 나의 마음으로부터 우러나오는 따뜻함으로 그의 손을 꼭 잡고 그의 이야기를 아주 오랜 시간 들었다. 얼마 후 그는 말하기를 “당신의 대답을 듣고 싶다” 고 했다. 나는 조용히 그에게 말했다. “I love you with all my heart because Jesus loves me so much.” (나는 너를 많이 사랑한다. 왜냐하면, 예수님이 그렇게 나를 사랑했기 때문이야.)

그리고 그의 손을 잡고 찬송 한 곡을 조용히 불렀다. 우리 찬송가 518장 2절이다.

"Lord I want to be more loving in my heart, in my heart."

"Lord I want to be more loving in my heart,"

in my heart, in my heart...

"Lord I want to be more loving in my heart."

(주님, 제가 주님을 더욱 사랑하기 원합니다. 진심으로, 온 마음 다하여, 사랑하기 원합니다. 진심으로...

주님, 진심으로, 진심으로 주를 더욱 사랑하기 원합니다.)

나는 찬송 후, 더 이상의 다른 말을 하지 않았다.

내가 그의 얼굴을 다시 보는 순간, 나는 그의 맑은 눈동자 안에서 알 수 없는, 주님이 흘리시는 사랑의 눈물을 느낄 수 있었다. 나는 말없이 그를 '허그' 해 주었다.

나는 다시 숙소로 돌아와 그 마을에서 마지막 밤의 예배를 준비했고, 특히 그날 밤은 그 마을의 몇 사람들에게 세례를 베푸는 순서가 있었다. 우리는 마지막 밤을 찬양과 기쁨으로 보내면서 주님을 영접한 몇 명에게 세례를 베풀고 있었다. 부모들이 자신들의 어린아이를 데리고 와서 세례를 받기도 했다.

모든 순서가 마칠 무렵이었다. 그때, 조그만 체육관의 문이 열리고 저 앞에서 산 사람, 큰 청년이 머리를 숙이고 앞으로 걸어왔다. 낮에 나와 함께 있었던 그 청년이었다. 그의 눈에는 눈물이 있었고, 그는 앞에 나와 무릎을 꿇고 조용히 말하기를 "Pastor Lee! I want to be baptized!" (목사님! 나도 세례 받고 싶습니다!) 순간 장내는 너무 조용해졌고, 온 마을 사람들이 놀라는 모습을 볼 수 있었다.

나는 우리 미션 팀, 모두가 그를 둘러싼 가운데 주님의 놀라운 능력과 은혜를 체험하며, 그에게 세례를 베풀었고, 다 함께 그의 손을 잡고 찬양을 했다.

주님의 귀중한 한 영혼이 그분의 사랑 앞에 무너져 내리는 순간이었다. 산을 옮겨보라며, 눈으로 보아야 믿겠다던 그의 산같이 완강했던 마음은 주의 사랑을 느끼면서 주를 영접하겠다는 믿음으로 이어졌다. 믿음은 바라는 것들의 실상이요, 보지 못하는 것들의 증거라 하지 않았던가!

갈급한 사랑의 부재와 외로움 속에 있는 우리 원주민들에게는 누군가가 옆에서 아무 말없이 손 한번 잡아주고 등을 두드려줄 친구가 필요하다. 'Dan', 그도 그렇게 외로움 속에 자신 외에는 의지할 사람이 없이, 사랑을 갈급해하다가 어느 날 마지막으로 자신의 인생을 자살로 생을 마감할 수 있는 사람이었다. 한 영혼을 구원하기 위하여는 유창하게 말할 수 있는 영어가 필요 없고, 오히려 따뜻한 주의 사랑의 손길이 필요함을 조용히 생각해 본다.

행복 봉제사 · 135
천국 문이 열리던 날 · 137
연리운 · 141
천년 사랑 · 143
어느 보헤미안의 넋두리 · 145

조성국

시조생활로 등단, 한국크리스천문학 수필 등단
한국문인협회 회원, 한국시조시인협회 회원
관악문인협회 명예회장
(사)국제문인협회 고문
저서 <쓰러진 풀 읽어보기> 외 다수
서울시 문학상, 국제문예대상 등 수상

시작 노트

깃을 잃고 날지 못하는 멧새
독선에 눈먼 지난날을 곱씹으며
한 잎 낙엽으로 떠돌다 예까지 온
나의 발자국 시와 수필
혹
공감으로 읽힐 수 있다면 ...

행복 봉제사

- 행복을 만들어 주는 여인 -

언 땅을 녹이고 하얀 새순을 기르는 봄빛은
달무리를 짓는 소리보다 아름답다
거북 등처럼 갈라지는 왕가뭄에
한줄기 소낙비로 내리는 빗줄기는
산하를 온통 파란 색깔로 갈아놓듯
모난 천을 주면 둥글게, 검은 천을 주면 노랗게,
그의 마음이 머무는 곳에 변화가 일어났다.
1953년에 만나 66년을 날 따르던 나의 그림자
그 사람을 나는 행복 봉제사라 부른다.

닿는 빛 내리는 비에 모두가 변화하듯
순종과 믿음으로 행복을 박음질하는 봉제사
내가 건네-주는 봉투가 그에게 머물면
끝임 없이 탈을 벗고 변신을 한다.
그는 정말 면허 없는 '요술쟁이',
그의 순종이 대 물린 보릿고갤 지웠고
사방 모자에 등용문도 유일하게 오르게 했다
한 줄금 비가 내리면 계절이 절로 바뀌듯
십 년 고개 넘을 때마다 파란 꿈의 깃발을 들게 했다.

1950년대 병든 아버님을 모신 효심에 머리 숙여지고,
오늘 내가 시의 깃발을 들고 강단에 서는 것도
지성으로 밀어주고 보듬는 님의 은혜요 덕이라
만원이 필요하다면 2만원을 주는 사람
남의 잘못을 말하면 바꿔 생각하라던 사람
동기간엔 그저 돕고 참으라던 사람
공짜는 없다고 그저 베풀고 도우라던 사람
부족한 紙錢으로 썰렁한 내 인생을 풍요로 가꾸니
그는 틈난 내 삶을 박음질하는 봉제사가 아닐까?

돌아보니 독선獨善에 눈이 멀어 당신을 병들게 한 것
말로만 사랑한 것, 정말 부끄럽고 미안하오
살아계신 주님, 그 전능의 손을 그에게 베푸사
일어나 정상의 삶을 살아가게 하여 주소서
여보 당신이 떠나면 나는 눈보라 속 허수아비
눈물 아롱이는 서역 삼만리를 어찌 홀로 가려 하오
당신이 없으면 나는 이미 없는 것을
여보,
당신은 나의 인생길에 갈대꽃을 피워 날리는 바람개비
행복에 젖는 웃음소리 알리는 문풍지였어요.

천국 문이 열리던 날

- 아내의 임종 앞에서 -

주치의가 돌아가며
오늘이 고비일 것 같습니다.
꼭 자리를 지키셔야 합니다.
그 말에 우리 모두는 얼이 나가
눈을 뗄 수 없다.
혈압 110의 고지가 무너질까 봐
시간이 갈수록 내려딛는 100의 고지 앞에
모두는 숨을 죽이고 100을 지키는 눈동자
생의 하직을, 예고함만 같아 마음 조리고 애가 탄다.
혈압 그 100고지는 정말 존엄했다.
들숨과 날숨이 궤도를 잃고 흐트러진다.
뛰던 맥박이 흐리다. 90고지로 내려서더니 점점 떨어지는 혈압
70고지에서 불러대는 여보, 엄마, 어머니, 할머니
여보, 여보 정신 차려, 불러대도 대답이 없다.
거친 숨소리만이 간간이 들린다,
눈을 감는다. 눈물보다 앞서는 기도

성찬식이 거행된다.
주례 목사가 집어주는
생명의 떡을 꼭 물고 놓지 않는다.

바라보던 주례목사가 머릴 끄덕인다.
마지막 생의 고비를 의식한 듯 성물을 놓는다,
더 높아지는 찬송가, 외쳐 찾는 엄마 할머니 여보
대답이 없다, 혈압이 뚝뚝 덜어진다. 60, 50, 40, 30, 20
10고지가 무너질 때 터져 나오는 찬송가
생의 고지를 넘는 임의 얼굴로 밝은 햇빛이 오른다,
0의 자리로 떨어질 때, 임의 얼굴에 주름이 확 펼쳐진다.
별안간 아내의 얼굴을 환한 빛이 감싼다.
동창에 우리는 해를 받는 것만 같은 임의 얼굴,
태풍이 지나간 듯 평온한 정적만이 병실을 감돈다.

한 줄기 빛이 하늘로 선 밤
그 너머에 평생을 간구하던 천국 문이 열린다.
순결해 영이 밝은 S여대 손녀에게 환영의 스크린이 뜬다.
예복을 받쳐 든 천사 둘이 할머니 좌우 곁에 섰다
그 위로 하늘 문이 열리고 박수소리가 난다.
어서 오라 환영하는 소리, 그 환한 천성 길
스쳐 지나가듯 잠시 머문 환영을 영 잊을 수 없단다.
그 환영이 너무 엄숙하고 찬란해 잊을 수 없다고.
그 환하게 열린 길을 밟고 임은 가셨다.

평온한 숲 온화한 천국바람이 모두를 감싼다.
볼을 비비는 할아버지, 딸, 아들, 손자녀
저 멀리 덩-덩 천국 종소리가 들린다.

모두는 믿음의 손을 들고 안녕을 고한다,
지난날 내 틈난 인생길을 순종과 믿음으로 박음질 하던 임
아무도 없는 교회를 찾아가 앉았으면
성가대의 찬송가가 코러스로 들려온다던 임
그 어진 사랑, 순종, 믿음의 손으로
나를 일곱 번이나 변신할 수 있도록 기도한 사람,
그렇게 잊을 수 없는 임의 손을 놓을 수밖에 없었다.
살아생전 지성으로 밀어주고 보듬어 준 사람
그 은혜의 손길, 뼈 속으로 든 정, 내 어찌 잊으랴
사랑하는 아내에게
말 대신 글로 써낸 글을 속으로 되뇌어 본다,
독선에 눈이 멀어 당신을 병들게 한 것
말로만 사랑한 것 정말 부끄럽고 미안하오.
작은 소리에도 귀기울여 주지 못하고 관심 갖지 못한 것.
이제야 통회하오니 주여 용서하여 주소서
주님 그 전능의 손을 들어 정상의 삶을 살도록

한번만 일으켜 주옵소서, 주님…
간절히 기도드립니다.

이제 와 후회한들 다시 돌아올 수 없는 당신을
날마다 밤마다 그리고 그립니다.
돌아보니 정말 당신은 내가
만원이 필요하다면 2만원을 주던 사람
동기간엔 서로 돕고 참으라던 사람
남의 잘못을 말하면 바꿔 생각해 보라던 사람
공짜는 없다고 그저 베풀고 도우라던 사람
밤 2시면 일어나 두 시간씩 늘 기도 하던 사람
공평한 하나님은 언제나 살아 계시다고 하던 사람
주 예수를 믿고 따르는 것만이 믿음이라고 하던 사람
부족한 지전으로 내 인생을 풍요로 가꾸어준 임
여보, 당신은
나의 인생길에 갈대꽃을 피워 날리는 바람개비
행복에 젖는 웃음소리를 알리는 문풍지였어요.
여보오, 사랑해요, 우리 다시 천국에서 만나요.
여보오… 여보오……

연리운連理雲

당신과 나는 뜬구름
어인 바람 불어와 불 밝힌 청사초롱
당신은 보장산에서 나는 인왕산에서
어느 날 한 가닥 구름으로 인 것이 뿌리
망망한 하늘 떠돌다
무슨 인연으로 만났는지
철부지 풋정이 뼛속으로 들기까지
서로 보듬고 산 것이 어제만 같은데
손꼽아 헤어보니 꿈결 같은 66년
웃고 울던 이야기가 전설로 떠돌아

귀여운 새끼 구름 보듬어 가꿔내니
저들도 새끼 치고 꽃구름 타고 놀아
무지개구름 되어 주유천하 하는 저들
강 건너 바다 건너 저들 집에 웃음소리
담을 넘어 새어나니 흐뭇해하던 우리
한겨울 모진 광풍에 머뭇대다 놓친 임
불러도 대답 없어 하늘까지 미워진 날
날이 가면 갈수록 그리움만 쌓여지고
자정 지나 두시까지 곧추 앉아 손 모읍니다.

인생이란 한 가닥 뜬구름이 이는 것
떨어지면 함께한 날 눈 감으면 떠돌아
가고야 오는 천리天理앞에
목을 묻고 우옵니다.

천년 사랑

여보,
그 먼 캐나다 밴쿠버,
어이 홀로 찾아가셨소.
무엇 그리 못 믿어,
그리 먼 14,000km를
어찌 날아가셨소.

당신의 참뜻 전할 "며느리" 찾아
그 먼 길을 찾아가셨구려,
꿈길에 며느리에게 당신이 한 말,
그 말 한마디는 천금을 주고도 못 살 말이었소,
"어미야"
(네 시아버지가 내일모레 간다, 잘 부탁한다.)
그 짤막한 말 한마디, 남겨놓고
천국으로 다시 돌아간 당신

그 節義절의에 찬 至高지고 至順지순한 말 한마디
그 무엇으로 살 수 있으랴.
살아서나 죽어서나 날 지켜주고
어두운 길 열어주고 닦아주는 임

獨善독선에 눈이 멀어 悔恨회한의 가슴 안고
오늘을 살아가지만 당신의 그 말 한마디
정말, 믿음이 가고, 감사하고, 고맙소.
내 살아 그 말 한마디 어찌 잊으랴

천국으로 入城입성한 지 5개월 만에
이승으로 내려보내신 하나님께 정말 감사드려요
그 누가 날 그리 생각해 줄 이가 어디 있겠소,
낮이면 날마다 밤이면 밤마다
언제나 날 잊지 못해
해와 달이 되어 날 지켜보는 임

내 열 번을 죽었다 살아도
오직 당신만을 사랑하리다.
나는 당신 거야, 당신 거 일편단심이야
내 죽어서도 사랑할 나의 천년 사랑이야
여보오 사랑해 이 세상 끝날 그때까지
오직 당신만을 사랑할 거야, 여보오 사랑해
당신만을 사랑해 여보오…… 여보오……

어느 보헤미안의 넋두리

- 피리소리 표구와 삼성노블카운티 -

한 열흘 전에 기흥에 있는 청명산 기슭 삼성노블 카운티로 한 잎 낙엽으로 떠돌던 내가 이름 모를 바람결에 내려앉았다.

왜 이곳으로 내려왔는지는 하늘이나 알 일이라, 나도 나의 발길을 의심해 본다. 연리 목으로 함께 살던 집사람과 지니고 살던 살림살이를 모두 버리고 썰렁한 바람결에 맨몸으로 한 잎 낙엽이 돼 훌쩍 날아왔다.

늘 나를 사랑해 주고 아껴주는 캐나다 뱅쿠바의 아들 내외가 아버지 그곳이 정말 좋아요. 거기 가서 사시면 아버지 눈높이보다 귀한 어르신도 만나시고 친구도 만나시고 옛날에 하고파도 못 하시고 가슴 깊이 묻어 두었던 지덕체 시서화 모두 찾아 하실 수 있고 건강도 돌보시고 챙기실 수 있는 정말 천국 같은 곳이에요.

아버지가 생각하시던 그런 차원이 아니라 참 좋구나, 정말 잘 왔구나 하시며 속으로 흔쾌한 미소를 지으실 거예요. 가셔서 한번 살아보세요. 하며 적극 권한 곳이었다.

모든 것 제가 알아서 돌보아 드리겠습니다. 걱정 하시지 마세요. 라고 말하는 아들의 진정어린 말을 믿고 부담 없이 이곳으로 올 수 있었다.

이사를 오던 날은 두 딸이 와서 짐을 내려 챙겨주고 이것저것 잡수시라고 차려 놓고 돌아갔다. 그러나 막상 낯선 이곳 생활에 접하니 먹고 자는 것은 별 문제 없었다. 산 그림자 지는 해거름에 깃 빠져 처진 나래를 그 누가 심령을 다해 보듬어 펴 줄 수 있으랴? 벽에 부딪힌 현실적인 문제가 나를 저울질 하며 조롱했다.

무엇을 어찌 생각하며 그 생각한 바를 어떻게 내가 풀어 가느냐가 문제로 남는 것이었다. 밥만 먹고 못 사는 것이 인생이라 어떻게 생활하느냐가 문제가 되는 것이었다. 지금의 나(홀로된 나를)를 내 스스로 수용할 수 있어야 하는데 그 고개 넘기가 그리 쉽지 않았다.

그러나 이곳에 와서 여러 선배님들과 어르신들을 만나 꿋꿋하게 말없이 살아가시는 모습에서 이렇게라도 나를 오늘 살아가게 해주신 절대자에게 고맙고 감사함을 생각하게 되었고, 편히 살도록 배려해주신 주님에게 더할 나위 없이 감사함을 알게 되었다.

오늘의 나의 현실을 그냥 받아 드리고 모든 것에 감사할 줄 알아야 하는 것인데 그렇게 생각하고 그리 눈을 돌리기가 쉽지만은 않았다.

현실을 못 받아들이는 내가 정말 부끄러웠다. 지난 1년간은 무료한 나날을 홀로 보내기는 정말 채찍 없는 형벌이라 생각하고 염세의 벌건 불을 때론 켜기도 했다.

오늘은 정년퇴직 후 어렵게 시의 세계에 들어 등단 후 처음으로 표구를 만들어 시화전에 내 걸었던 "피리소리"가 떠오른다. 평생 나의 그림자로 산 사람이 어느 날 날 보더니 여보 저 벽에 걸린 가족사진을 떼어 내고 당신의 피리소릴 걸어요라고 했다. 왜 그것을 바꾸어 걸어야 하는데 라고 말을 하자 당신의 것이니까? 나의 바람이니 그렇게 해 달라고 말을 해 골똘히 생각하다 이젠 미운 가시가 빠졌나 오래 살고 볼 일이로군 하며 내 서재에 있던 표구를 거실 벽에다 내다 걸었다. 나는 바보였다. 그 말의 참뜻을 헤아릴 줄 모르는 나는 천치였다.

그 피리소릴 벽에 내다 건지 4개월 만에 그 사람은 천성 길에 올라 돌아오지 못하는 요단강을 건너고 말았다. 그가 그토록 나를 사랑했음을 그를 보내고야 눈을 뜨는 미련한 나, 좀처럼 말이 없던 그 사람 그 표구가 없어진 오늘에야, 왜서 그 표구를 그곳에 걸게 했는지를 이제야 깨닫는다. 그가 그토록 나를 사랑했었구나, 그 진실한 사랑을 이제야 반추하며 울컥하는 마음을 추슬러본다.

둘이면 천년을 살면 어쩌랴, 홀로는 아닌 거여, 그 어떤 사람을 갖다 놓아도 그를 대신 할 수는 없는 거, 하늘이 맺어준 인연 앞에 다시 옷깃을 여미고 무릎을 꿇는다. 밤이면 달빛만이 눈부시게 기어들어 까만 밤을 사르고 중천에 걸터앉아 내려다 본 시정은 천역이 두려워라 적요하고 은하를 깔아놓은 시정의 네온사인은 별무리처럼 반짝이고 한밤을 고추 새우다 동트는 아침을 맞는다. 그 피리소리를 다시 외며 2주 동안 겪은 노블 카운티를 나름대로 음미해 본다.

피리소리

한금 올린 피리소리 달빛 타고 찾아든다.
흔들린 저 창가에 한의 강 여울지고,
미워라 돌아선 가슴, 꺼진 불꽃 지핀다.
넘어가는 마디마다 절여 오는 깊은 사연,
춘삼월 나비되어 청산을 날아볼까?
촉촉한 다리를 안고 깃을 터는 여인아.

그를 보내고 못 견디어 이곳 삼성 노블 카운티로 이사를 오는 날 둘째 딸에게 그 표구를 가지고 가고 싶다고 했더니

"아버지 그것을 가지고 가서 어대다 걸어놓을 수 있어요. 그냥 버리고 가세요."

"알았어, 그러지 뭐. 너의 엄마도 잃고 사는 데 그것이 뭐 대수냐."

그래서 그것을 그냥 놓고 왔다. 내 살아있는 한 그가 나를 사랑한 증표였는데, 추억 속에 묻어둔 표구 한 점. 내 영혼의 들창 매듭진 시를... 영 잊을 수가 없다.

이곳 노블 카운티로 이사를 와보니 정말 노블란 곳이라고 생각는다. 만나는 사람마다 모두 목례로 나누는 인사, 정말 존경스러웠다. 청명산 자락에 자리한 노블 카운티 정말 산수의 어울림이 멋지게 맞아 연꽃 속에 들어 지덕체 시서 화를 마음껏 누릴 수 있는 곳이라고 생각되었다. 말없이 사람에게서 풍기는 고매한 훈향이 이곳의 품격을 높여가는 것임을 깨닫게 되었다.

그동안 내가 보고 느낀 것들을 짧은 글로 엮어본다.

삼성 노블 카운티

한번 찾아 오시라, 살아 천국 사는 곳, 하늘 사다릴 타고 중천 한번 오르면, 뭇 산이 머릴 조아리고 두 손 마주 모으는 곳. 끝에 산 산 산이 띠를 둘러 서 있고, 높낮인 산은 모두 이슬을 문 연잎이라, 발끝에 호수는 꿀 샘 온갖 잡새 부른다.

때마다 베푸는 육, 해, 공 산해진미, 검버섯 핀 얼굴에 깊은 주름 펴지고, 인사를 목례로 나누니 노블한 바람일어. 뒷 산 오름길엔 꽃 피고 새가 울고, 드넓은 잔디밭은 기 살리는 단련장, 청산을 받쳐 든 팔에 젊음이 절로 돈다.

지난날 못 푼 꿈 지덕체의 사서 화, 붓을 드니 꽃이 웃고 내려치면 폭포가 울어, 한 솥밥 나누어 먹으니 한 식구라 등을 쳐. 한번 올라 보라 예가 바로 천국이라, 시름 모두 잊고 살아 신선이 노니는 곳, 밤이면 반짝이는 은하수 깔아 놓은 시정일래.
일터 찾는 찻소리 헤아리는 눈끝 새로, 아장 대는 천사들 열을 서서 찾아들어, 새 소망 파란 꿈 따 먹으려 손에 손 잡고 오네.
저만치 벌건 감덩이 하나가 서산에 노을을 걸고 머릴 묻는다.

온북스
ONBOOKS